포스트
한일경제전쟁

일러두기

일본 기업명은 한국어로 적되, 일본어 발음과 한국어 발음을 섞어서 표기했다. 기업명 중 고유명사가 아닌 업종이나 품목에 해당하는 경우, 한국어로 표기해야 독자들이 해당 기업을 이해하는 데 도움이 되기 때문이다. 아울러 회사명의 '주식회사'는 생략했다.
예) 토요타지도샤 → 토요타자동차, 주켄고교카부시키가이샤 → 주켄공업주식회사 → 주켄공업

포스트 한일경제전쟁

문준선 지음

일본 소부장 경쟁력의 원천을 찾아서

스마트북스

포스트 한일경제전쟁

일본 소부장 경쟁력의 원천을 찾아서

초판 인쇄 2020년 8월 5일
초판 발행 2020년 8월 10일

지은이 문준선
펴낸이 유해룡
펴낸곳 (주)스마트북스
출판등록 2010년 3월 5일 | 제2011-000044호
주소 서울시 마포구 월드컵북로 12길 20, 3층
편집전화 02)337-7800 | **영업전화** 02)337-7810 | **팩스** 02)337-7811
원고투고 www.smartbooks21.com/about/publication
홈페이지 www.smartbooks21.com

ISBN 979-11-90238-22-9 13320

존경하는 부모님과 사랑하는 동반자 윤미, 딸 정원에게

이전 세대의 희생과 노고를 기억하고,

다음 세대의 희망과 번영을 기원하며

프롤로그

이제부터가 진짜 시작이다

장기전에 대비하자

2019년 7월 4일 일본이 전략물자 3개 품목에 대해 우리나라에 수출을 규제하고 한 달여가 지난 8월 9일, 도쿄 경제산업성 본관 17층에서 제25회 산업구조심의회 총회가 열렸다. 경제산업성의 안도 사무차관이 주재한 이 회의에는 일본상공회의소 미무라 회장, 일본무역회 나카무라 회장, 이토 도쿄대 명예교수 등 산업계, 정부기관, 학계의 전문가들이 참석했다. 이 심의회는 매년 5월과 8월 두 차례 회의를 열어 일본의 중장기 경제정책 방향과 다음 해 예산편성 방향을 결정하는 최상위 심의기구이다.

내가 이 회의에 주목한 이유는 경제산업성이 토론 주제로 올린 '기존 질서의 변용과 경제산업의 정책 방향'에서 일본인들의 세계 경제와 자국 경제에 대한 인식, 수출규제 이후 소재·부품·장비 이하 '소부장' 산업에 대한 정책 방향성을 엿볼 수 있기 때문이다. 아울러 일본이 왜 한국에 대해 수출규제를 했는지, 그 배경과 근본적인 원인에 대해서도 유추해볼 수 있었기 때문이다.

이 심의회의 자료를 보면, 일본은 현재 자신들이 세 가지 큰 변화를 마주했다고 보고 있다.

일본은 'G-X의 시대'를 감지하고 있다

첫 번째는 세계 경제질서의 변화다. 경제산업성은 민주주의와 시장경제라는 공통의 가치관으로 뭉친 G7의 단일대오가 흐트러지고, 각국이 자국의 이익을 최우선으로 이슈마다 이합집산을 반복하는 최근의 상황을 'G-X의 시대'라고 정의했다. 또 그 사례로 러시아의 크림반도 합병2014년, 유럽 극우정당의 약진2015년, 미국의 멕시코 국경장벽 건설 추진2016년, 영국의 브렉시트 가결2016년, 이탈리아의 북아프리카 이민 거부2018년 등 각국의 자국 중심주의 행보를 열거하면서, 룰이 무너져가고 있는 현 시대의 나아갈 길에 대한 근본적 물음을 던졌다.

또한 경제산업성은 이러한 변화에 대해 선진국 내 빈부 격차의 확대와 선진국과 신흥국 간 경제 격차의 축소라는 두 개의 격차 문제가 세계질서의 큰 변화를 만들어내는 원인이라고 풀이했다. 특히 중국 등 신흥국의 부상에 대해 큰 경계심을 나타냈다. 지난 26년 동안 1991~2017년 세계 GDP에서 G7이 차지하는 비중은 66%에서 46%로 감소한 반면, 중국은 1.7%에서 15.0%로 크게 늘어났다는 통계를 제시하면서, 이러한 신흥국의 급격한 부상이 구미 선진국들의 불만을 가져왔다고 해석했다.

G7의 일원인 일본은 미국과 유럽 등 선진국의 목소리를 빌어 신흥국의 부상에 대한 자신의 불편함을 표현한 것일지도 모른다. 그리고 명시적으로 밝히지는 않았지만, 급격히 성장한 신흥국에는 중국뿐만 아니라 한국도 들어가 있다고 생각하는 것이 합리적인 추론일 것이다.

한편, 각국의 대립을 조율할 국제협력 메커니즘은 '기능부전 상태'라고 진단했다. WTO 도하 라운드 협상은 20년째 표류하고 있고, 대법원에 해당하는 WTO 상소위원회는 후임위원이 선정되지 않아 유명무실해질 위험에 빠졌다. 미국은 물론이고 기후변화에 적극적으로 나섰던 독일과 프랑스도 온실가스 감축 이행률이 목표를 밑돌았다고 꼬집었다.

일본은 이러한 국제 정세를 "선진국 간에도 서로 손발이 맞지 않는 상황"이라고 불만스럽게 묘사했다. 모두가 약속을 지키지 않고, 기존의 규칙이 작동하지 않는 상황에서 일본은 이제 기존의 룰을 따르는 게 이득인지 손실인지 따져봐야 할 시기가 왔다고 생각하는 것은 아닐까?

일본 경제계는 자기반성 중이다

두 번째 큰 변화는 일본 스스로 자국 경제가 부활과 추락의 갈림길에 섰다는 것을 절실히 느끼고 있다는 점이다.

경제산업성은 "일본이 국력 저하와 함께 부가가치 창출에 고전하고 있다"라고 자체 진단하면서, 일본 경제의 심각성을 보여주는 여러 통계를 가감 없이 제시했다. 여기에, '패배'라는 표현까지 동원하면서 일본 국내 여론을 환기시켰다. 이는 그간 일본 정부가 공식 문서에서 신중한 표현과 절제된 단어를 선택해왔다는 점을 감안하면 그야말로 철저한 자기반성 모드라고 할 수 있다. "일본이 고도성장기에 축적한 어드밴티지가 얼마 남지 않았다"라고 진단하면서, "지금 당장 혁신에 나서지 않으면 부활의 길이 닫힌다"라고 말하는 대목에서는 초조함까지 보인다.

기업의 위기: 글로벌 상위 30대 기업이 하나도 없다

경제산업성에 따르면 일본의 전체 기업 수는 1986년에 535만 개였으나 2016년에는 358만 개로 180만 개가 감소했다. 『비즈니스위크』가 선정한 글로벌 상위 30대 기업에 오른 일본 기업은 1989년에는 21개였으나, 30년이 지난 2019년에는 단 한 기업도 순위에 들지 못했다토요타자동차가 42위. 일본 대기업의 영업이익률은 3.7%로 미국 대기업13.7%의 4분의 1 수준에 그쳤고, 수출을 하는 중소기업은 4%로, 독일14%, 영국14%, 프랑스9%보다 낮았다독일, 영국, 프랑스는 EU 역외로의 수출만 집계.

CEO의 평균 연령은 1995년 47세에서 2015년 66세로 높아졌고, 정보화는 뒤처졌다. 일본 기업 중 디지털 리더Leader는 2%에 불과했고, 후발 기업Laggard은 39%를 기록했다글로벌 평균은 리더 기업 5%, 후발 기업 9%.

기술의 위기: 기술 강국=일본이라는 등식이 흔들리고 있다

한편 일본은 선진국 중에서 유일하게 논문 수와 질, 박사 취득자 수가 줄어들고 있다. '기술 강국=일본' 이라는 등식이 흔들리고 있다.

경제산업성에 따르면, 논문 수2000년대 대비 2010년대는 미국이 23%, 한국은 121% 증가했는데, 일본은 6% 감소했다. 논문의 질을 보여주는 피인용 상위 10% 논문 수는 미국이 17%, 한국이 136% 늘어난 데 비해 일본은 -8%를 기록했다. 한편, 총 연구개발투자비에서 기초연구가 차지하는 비중은 11.9%로 미국17.2 %, 한국17.2%보다 낮았으며 일본 기업들은 단기연구에 연구개발비의 90%를 투자했고, 10년 이상의 장기연구에 대한 투자는 1~2%로 낮았다.

또한 다수의 일본 기업들은69.8% 다른 일본 기업24.8% 또는 외국 기업5.5%과 협력하기보다는 단독 연구개발을 선호하면서 오픈 이노베이션이라는 글로벌 트렌드에 역행하는 모습을 보였다.

인력 및 자본의 위기: 인재와 혁신투자가 부족하다

이 총회에서는 제조업을 뒷받침하는 두 축이자 장기적인 경제성장의 원동력인 인재와 혁신투자의 부족도 지적했다.

경제산업성에 따르면, 2016년 일본의 수학 및 이학 분야 박사후 과정 수료자는 137명에 불과했는데, 이는 미국의 수료자가 1,642명인 것에 비하면 12분의 1 수준에 불과하다. 일본의 인구가 1억 2천만 명, 미국이 3억 2천만 명인 점을 감안해도 미국의 수료자가 일본보다 2.6배 많은 셈이다.

인재육성 투자 면에서도 밝지 않다. 기업의 전체 투자에서 인재육성 투자가 차지하는 비중은 1988년 0.38%에서 2016년 0.24%로 줄었다. 일본은 기업 연구인력 중 박사 비중이 4.4%로 미국 10.1%, 한국 6.7%보다 낮았다.

GDP 대비 벤처투자액2017년 기준을 보면, 0.03%로, 0.40% 수준인 미국의 13분의 1 수준이며, 한국의 0.08%보다도 낮은 수준이다. 최근 10년간 전체 벤처투자에서 외국자본이 차지하는 비중은 1%인데, 이는 외국자본의 비중이 21%에 달하는 북미보다 크게 낮은 수준이다. 인수합병 건수는 2017년 47건으로, 827건인 미국의 20분의 1 수준에 불과하다.

일본 경제의 핵심을 이루는 소부장 산업

세 번째의 큰 변화는 일본이 자국 산업구조의 구조적 변화를 감지하고, 소부장을 일본 경제를 지탱하는 중요 산업으로 인식했다는 것이다.

일본 경제가 침체의 길을 걷고 있는 와중에도 세계 3위의 경제규모를 유지할 수 있었던 것은 소부장 덕분이다. 소니, 샤프, 파나소닉 등과 같이 우리가 잘 알고 있는 일본 대기업들의 실적부진에도 불구하고, 보이지 않는 빙산의 아랫부분에 해당하는 소부장 중소기업들이 일본 경제를 떠받치고 있다.

경제산업성 자료에 따르면, 일본이 세계시장 점유율 60% 이상을 유지하고 있는 270개 제품 중 212개 제품이 소재·부품이다. 한국과 중국의 추격으로 반도체와 디스플레이 등 전자산업에서의 점유율은 하락했지만 편광판, 유리기판, 포토레지스트, 광학장비 등과 같은 분야에서는 여전히 압도적인 경쟁력을 유지하고 있다. 경제산업성의 표현을 빌리자면, 소부장은 일본 경제뿐만 아니라 안보에도 불가결한 핵심 분야인 것이다.

일본은 개항기, 패전 후, 고도성장 시기 등 과거에도 대세라고 판단되면 옛것을 버리고 새것을 취하는 전략을 택해왔다.

기존의 규칙이 무너진 G-X의 시대. 미국 및 유럽 선진국들은 각개약진을 시작했고, 이를 조율해야 할 국제기구의 영향력은 약해진 상황에서 한국과 중국 등 신흥국이 재빠르게 치고 올라왔다. 일본 경제는 추락과 부흥의 갈림길에 섰고, 대기업들의 부진 속에 소부장은 일본 경제의 버팀목 역할을 했다. 이러한 맥락에서 우리는 소부장 전략품목에 대한 일본의 수출규제를 즉흥적, 단발적 이벤트로 봐야 할까, 아니면 앞으로 일어날 일련의 움직임을 예견하는 구조적 변화의

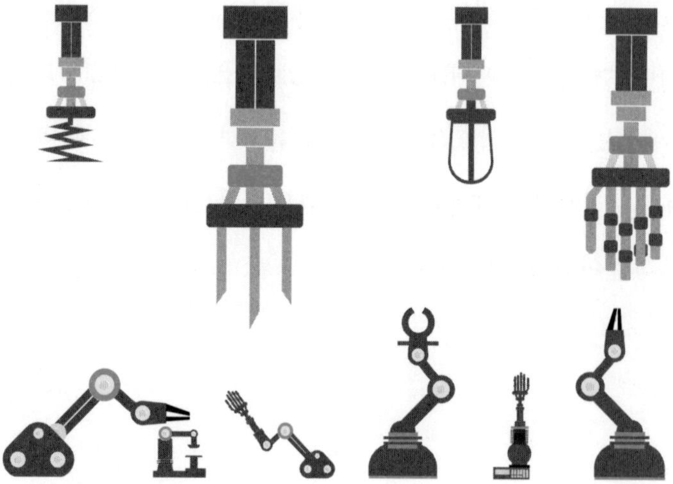

첫 사례로 이해해야 할까?

일본은 앞으로 어떻게 대처할 것인가? 자국의 이익만을 최우선으로 행동할 것인가, 아니면 기존의 세계질서를 지키려고 노력할 것인가?

미래를 예단하는 것은 어렵고 위험한 일이지만 확실한 것은 일본은 방향타를 틀었고, 앞으로 일본 대외정책의 불확실성은 높아질 것이며, 제자리로 돌아오는 것은 쉽지 않을 것이라는 점이다. 예고 없이 한국에 전략물자 3개 품목에 대해 수출을 규제하고, 1년여간 이를 유지하고 있는 것처럼 말이다.

일본은 방심한 챔피언이 아니다. 냉정하게 자신을 평가하고 재도약의 각오를 다지고 있다. 소부장을 일본 경제 부활의 핵심 분야로 정하고, 경제를 넘어 안보에까지 영향을 미치는 중요 이슈로 규정했으며, '꼭 지켜야 한다守城'는 강한 의지를 드러냈다.

2019년 전략물자 수출규제 이후 양국은 1년여간 실무협의를 해오고 있다. 전망은 불투명하고 갈 길이 멀지만, 이번 사태에 대해 언젠가는 양국이 합의점을 찾아나갈 것으로 믿는다. 그러나 수출규제로 촉발된 소부장 산업에서의 물밑 경쟁은 그리 쉽게 끝나지 않을 것이다. 구조적인 변화는 이제부터 시작이다. 따라서 장기전에 대비할 준비를 해야 한다.

냉철한 상황 판단이 필요하다

일본이 전략물자 3개 품목의 수출을 규제한 2019년 7월 4일로 시계를 돌려보자.

일본의 수출규제 조치에 대한 한국 사회의 반응은 '공포'와 '분노'였다. 경제단체 관계자들은 반도체 공장이 3일만 멈추어도 7조 원의 손실이 발생할 것이라며 경계했다. 민간 싱크탱크는 한국의 경제성장률이 최대 2%까지 떨어질 가능성이 있다고 경고했다. 일본이 손실을 감내하고 상대에게 더 큰 피해를 주겠다는 전형적인 사무라이 전략을 구사하고 있다고 해석하기도 했다.

시민들의 자발적인 일본산 불매운동이 차분히 진행되는 가운데, 일부 대학생들은 일본 언론사 사무실에 들어가 욱일기를 찢고 지국을 폐쇄하라는 구호를 외치며 기습 시위를 벌였다. 일본대사관이 입주해 있는 건물 현관 앞에서 한 남성이 탑승 차량에 불을 붙여 분신을 시도하기도 했다. 하지만 공포와 분노 같은 감정적인 대응보다 현재 우리에게 필요한 것은 냉철한 상황판단이다.

생각해보자. 우리가 알고 있는 일본은 혹시 1970~1980년대 고도성장의 정점에 있던 선진국 일본의 이미지에 멈춰 있는 것은 아닌가? 소니, 토요타자동차, 파나소닉과 같은 일본 대기업들이 아니라 완제품을 뒷받침하는 부품과 장비, 혁신을 선도한 소재 등 소부장 기업들에 대해 그동안 우리는 얼마나 주의를 기울였는가?

일본 소부장 중소기업들의 오랜 역사에 기반한 성공과 실패의 경험은 무엇이며, 우리가 앞으로 대책을 세우는 데 이들의 경험을 참고하는 것이 유용할 것인지 등에 대해서 이제는 우리도 차분히 생각해봐야 할 시점이다.

일본 제조업 신화를 넘어서

아쉽게도 한국에서 일본 경제에 대한 연구는 비주류에 속하며, 일본 경제 전공자도 거의 없는 실정이다. 삼성경제연구소, LG경제연구원, 포스코경영연구원과 같은 민간 싱크탱크의 일본 연구팀은 해체되었다. 산업연구원, 대외경제정책연구원, 한국개발연구원과 같은 국책 연구소 역시 소수의 연구자만이 명맥을 잇고 있다.

일본 경제 연구 중에서도 비주류 중에 비주류인 소부장 산업에 관한 연구는 불모에 가깝다. 시중의 경제경영 관련 서적들은 주로 토요타의 생산방식이나 소니의 제품기획 등 대기업의 경영전략을 소개하거나 야나이 유니클로 사장, 손정의 소프트뱅크 사장 등 스타 경영자들의 혁신을 이야기한다. 그에 비해 일본의 소부장 중소기업과 무명의 경영자들에 대한 관심은 매우 적었다. 즉 지금 한국에는 장기전에 필수적인 객관적인 정보와 지식이 절대적으로 부족하다.

이 책은 이러한 문제의식과 현실적 한계를 가지고, 가장 밑바닥 Bottom-up에서부터 작업을 시작했다. 먼저 일본의 소부장 우량기업들에 관한 사례들을 모아나갔다. 일본 경제산업성 선정 '글로벌 틈새 1등 기업 100 GNT; Global Niche Top 100', 일본 중소기업청 선정 모노즈쿠리 ものづくり, 물건을 만든다는 뜻, 즉 '제조업'을 칭함 중소기업 300개, 일본 정책투자은행 밸류체인 코어 기업 Value Chain Core Company 60개 등 총 460개의 소부장 기업들을 조사했다.

이 기업들은 각 기관이 뽑은 일본을 대표하는 우수업체들로, 글로벌 틈새 1등 기업의 경우 세계시장 점유율이 20% 이상인 대기업, 또는 10% 이상인 중소기업이다. 소부장 기업이 대부분이지만 소부장 경쟁력이 뒷받침되는 완제품 업체도 일부 분석대상에 포함했다.

이후 기업조사 결과를 바탕으로 크게 3개의 질문에 대한 답을 상향식으로 찾아나갔다.

일본은 어떻게 소부장 강국이 되었는가?

1장에서는 "일본은 어떻게 소부장 강국이 되었는가?"라는 질문을 던졌다. 일본 소부장 기업들의 성장경로를 추적해본 결과 첫째, 2차 세계대전 패전 이후의 일본 경제사회의 역동성, 둘째, 남극탐험, 우주개발, 천체관측 등 거대과학 프로젝트 참여, 셋째, 주류가 아닌 비주류의 혁신이 일본 소부장 산업 성장에 결정적 영향을 준 3대 핵심 요소

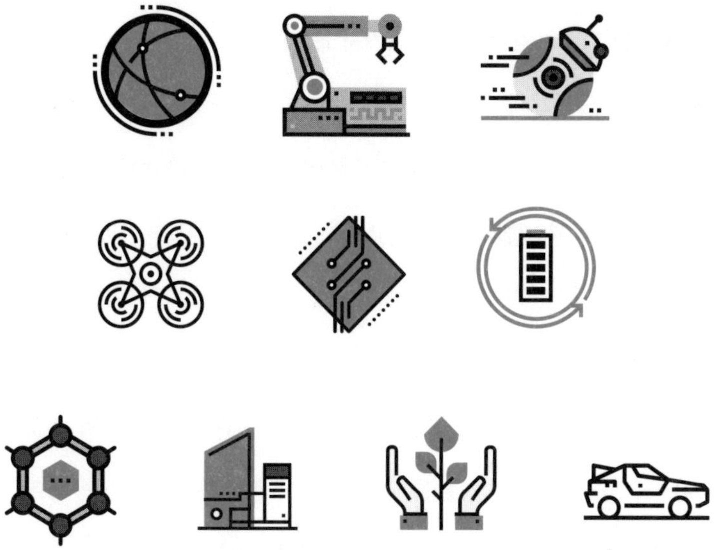

라는 것을 발견했다.

일본의 수출규제, 왜 한국에 기회인가?

2장에서는 "일본의 수출규제, 위기인가, 기회인가?"라는 질문에 답했다. 동일본대지진2011년 이후 일본 완성차 업체의 조달 행태 변화, 한미 기업연합의 AI인공지능를 활용한 전고체 배터리양극과 음극 사이에 있는 전해질이 액체가 아니라 고체인 배터리, 2035년 2조 7천억 엔 시장규모 전망 소재 초고속 개발과 일본 추월, 1980년대 한국 대기업과 일본 소부장 기업 간의 밀월관계 등 한일 양국 기업의 협력과 경쟁 사례들을 활용해서 수출규제가 한국에게는 기회이며, 일본에는 위기라는 점을 밝혔다.

일본 소부장 기업의 승패가 주는 11가지 교훈

3장에서는 공작기계, 자동차 부품 등 여러 업종의 다양한 일본 소부장 업체들의 성공과 실패 경험으로부터 공통점을 추려내고, 전략, 마케팅, 기술 등 분야별로 내용을 엮어 '일본의 성공과 실패에서 뽑은 11가지 교훈'을 정리하여 "우리는 어떻게 해야 하는가?"라는 물음에 답하고자 했다.

그동안 일본을 바라보는 우리 사회의 시각은 양분되어 있었다. 1980~1990년대에는 '일본은 있다' 또는 '일본은 없다'는 논쟁이 있었고, 2000년대 들어서는 일본 경제의 쇠퇴 또는 부활에 방점을 찍어 일본을 바라보았다. 대립적 의견들 속에서 일본에 대한 이해의 폭이 넓어지기도 했지만, 한편으로는 소모적 논쟁을 불러왔다는 점 역시 부인할 수 없을 것이다. 우리는 일본을 바라보며 때때로 지나친 자괴감에 빠지거나, 넘치는 자신감에 차오르는 감정의 롤러코스터를 탔다.

이제는 질문의 구조를 바꾸어야 한다. 일본은 있어도 좋고, 없어도 좋다. 일본이 우리보다 낫거나 부족하다는 것은 사실 부차적인 문제다. 중요한 것은 일본의 성패와 부침의 의미를 읽어내고, 우리가 해야 할 일들을 찾는 것이다. 일본에 주목하는 진짜 이유를 잊지 말고, 일본이 그려온 궤적에서 한국의 번영과 발전을 위한 터닝포인트를 잡아내야 한다. 이 책을 쓰면서, 능력은 부족하지만 이런 관점으로 일본과 소부장을 바라보려는 나름의 시도를 해보았다.

아무쪼록 이 책이 공무원, 공공기관 임직원 등 정책 결정자들에게는 소부장 정책 아이디어를 제공하고, 소부장 중소기업 경영자들 및 직장인에게는 혁신의 실마리를 던지며, '완제품·미국·대기업' 중심의 서적에 익숙한 경제/경영학 전공자들에게는 '소부장·일본·중소기업' 중심의 새로운 접근법의 길라잡이가 되길 바란다. 그리고 무엇보다도 일반 국민들에게 한일관계의 변화와 소부장 산업의 중요성을 이해하는 데 도움을 줄 수 있기를 기대한다.

2020년 8월

문준선

차례

PART 3 일본의 성공과 실패에서 뽑은 11가지 교훈

들어가기 전에

테슬라 전기자동차에서 폴더블 스마트폰까지

4차 산업혁명시대의 주도권, 소부장에 달렸다

소부장 혁신 없이는 IT 혁신도 없다

세계 전기차 시장의 선두주자인 테슬라 사의 모델 S 롱 레인지 플러스Long Range Plus 버전은 2020년 한 번 충전으로 최대 주행거리 646㎞를 달성하여 시장을 놀라게 했다. 10대 미만의 극소량 생산으로 유명한 슈퍼 카 람보르기니의 2015 베네노 로드스터Veneno Roadster는 시속 100㎞에 도달하는 시간제로백이 2.9초에 불과하다. 강력한 배터리와 엔진 등 복합소재 부품을 사용한 경량화의 결과다.

삼성전자의 폴더블 스마트폰과 LG전자의 롤러블 TV는 2019년

세계 최대 IT 전시회 CES를 찾은 관람객들의 눈길을 사로잡았다. 가볍고 얇고 유연하며 열과 화학물질에 강한 첨단소재인 폴리이미드 필름, 그리고 일종의 경첩 역할을 하는 힌지와 같은 혁신 부품 없이는 접고, 둘둘 마는 IT 혁신은 있을 수 없었다.

소재·부품이란 테슬라의 복합소재, 폴더블 폰의 힌지, 롤러블 TV의 폴리이미드와 같이 상품의 제조에 사용되는 원재료 또는 중간생산물을 말하며, 장비란 이러한 소재·부품을 생산하거나, 소재·부품을 사용하여 제품을 생산하는 장치 또는 설비를 말한다소재·부품·장비산업 경쟁력 강화를 위한 특별조치법 제2조. 소부장은 완제품에 녹아들어 우리 눈에는 잘 보이지 않지만, 주변에서 쉽게 찾을 수 있으며 인류의 삶을 좀 더 윤택하고 풍요롭게 만들어준다.

이러한 소재, 부품, 장비는 오래전부터 있던 개념이지만, 이를 묶어 하나의 산업군으로 보기 시작한 것은 최근의 일이다. 2001년 정부는 '부품·소재 전문기업 등의 육성에 관한 특별법'을 제정하면서 부품과 소재를 묶어 부품소재 산업으로 정의했다. 2015년에는 부품보다 소재에 무게를 두어 '부품·소재 특별법'을 '소재·부품 특별법'으로 개정했고, 자연스럽게 '부품소재'에서 '소재부품'으로 명칭이 변경되었다. 일본의 수출규제 이후에는 특별법 전체를 개정해서 정책 대상을 소재·부품에서 장비산업까지 확대했고, 최근에는 소재부품장비, 약칭 '소부장'으로 부르고 있다.

소부장은 제조업의 허리이자 경쟁력의 핵심 요소다. 완제품의 부가가치를 높이고, 신제품 개발을 촉진하며, 산업 전반에 영향력을 미쳐 제조업을 혁신하는 원동력이다. 친환경, 디지털 전환 등 4차 산업혁명의 주도권은 경량화, 융·복합화, 스마트화를 실현하는 소재·부품·장비, 즉 소부장에 좌우된다고 할 수 있다.

항공기, 스마트폰, 자율주행 자동차, 반도체까지

2011년에 출시되어 드림라이너Dreamliner라는 애칭으로 불리는 보잉 787-9 항공기는 다른 항공기에 비해 연료 효율성이 20%나 높고 이산화탄소 발생량은 20% 적다. 주 날개, 꼬리 날개, 도어, 동체 등을 탄소섬유 복합소재로 만들어 가볍기 때문이다.

스마트폰에 필요한 부품 수는 약 700~1,000개 수준이다. 자동차 부품은 10년 전만 해도 1만~2만 개 정도였으나, 최근에는 3만 개를 넘어 대형 픽업트럭은 3만 5천 개까지 늘어났다. 현재 가장 큰 비행기인 A380이나 보잉777 항공기는 부품 개수가 400만 개가 넘는다. 자율주행 자동차는 레이더, 이미지센서, 디스플레이 구동칩 등 전자부품의 집합체다. 드론 역시 모터, 통신모듈, 미션 플래너, 컨트롤러 등 핵심 전자부품으로 이루어져 있다.

반도체 산업은 웨이퍼, 산화, 포토, 식각, 박막, 금속배선, 검사, 패키징 등 8대 공정과 600개 이상의 세부공정으로 이루어져 있는데, 여기에는 수백 개의 소재와 공정 장비가 필요하다. 일본이 수출을 규제한 고순도 불화수소와 포토레지스트는 산화와 포토 공정에 쓰이는 핵심 재료이다.

자동차 제조공정은 프레스, 차체 조립, 도장, 의장, 검수로 이루어지며, 근로자 10명이 로봇 장비 2대와 함께 일한다. 국제로봇협회IFR의 자료에 따르면 국내 자동차 산업의 로봇 밀도는 근로자 1만 명당 2,145대에 달한다.

'가마우지 경제'를 넘어 '펠리컨 경제'로

소재·부품·장비, 이른바 소부장은 기술개발→소재/부품/장비→생산/조립→마케팅→서비스로 이어지는 전체 제조업 가치사슬의 상단에 위치하는 고부가가치 산업이다. 또한 소재·부품은 전체 생산원가에서 차지하는 비중도 평균적으로 60%를 넘는다.

일본은 조립·가공과 같은 주요 산업 밸류체인의 하류 부분에서는 한국·중국 등 신흥국에 자리를 내주고 있지만, 소부장과 같은 상류 부분에서는 여전히 경쟁력을 유지하고 있다. 한국과 일본이 경쟁하고 있는 931개 품목 중에서 일본이 세계시장 점유율 50% 이상을 차지하는 품목은 309개다산업통상자원부, 2019년.

일본의 소부장 생태계는 광범위하다. 반도체, 디스플레이, 자동차와 같은 주력 업종뿐만 아니라 잘 알려지지 않은 비주류 업종에 숨어 있는 업체들도 많다. 나중에 소개하겠지만 천체망원경 광학렌즈 연마, 수족관용 대형 아크릴, 돔구장의 장막, 연어가공 장비, 중동 민족의상 칸도라 소재 등 우리가 한 번도 들어본 적 없는 산업의 구석구석에 일본의 영향력이 미치고 있다.

한국도 적극적으로 소부장 산업을 육성해왔다. 1978년 수입선 다변화를 시작으로 2001년 부품소재특별법을 제정하고 약 5.4조 원 규모의 R&D 투자를 했다. 이러한 노력에 힘입어 소부장 생산은 2001년 240조 원에서 2017년 786조 원으로 3배 늘어났으며, 수출은 2001년 646억 달러에서 2018년 3,409억 달러로 5배 증가했다. 무역수지도 2001년에는 9억 달러 적자였지만, 2018년에는 1,375억 달러 흑자를 기록하며 이제 소부장 산업은 제조업 생산의 52%전체 1,518조 원, 소부장 786조 원를 차지하는 중요산업으로 성장했다.

한국의 소재부품 무역수지는 매년 개선되어 2019년에는 수출 2,700억 달러, 수입 1,708억 달러로 전체적으로 992억 달러 흑자를 기록했다. 그러나 일본에 대해서는 수출 128억 달러, 수입 270억 달러로 여전히 141억 달러 적자를 보이고 있다. 전자부품이 45억 달러로 가장 적자가 컸고, 이어서 화학물질 36억 달러, 플라스틱제품 14억 달러, 기계부품 10억 달러, 1차 금속제품 10억 달러 순이었다기타 정밀기기부품도 9억 달러, 전기장비 부품 8억 달러, 비금속 광물 5억 달러 적자.

이처럼 수출 완제품 생산에 필수적인 핵심부품과 소재를 일본에 의존하고 있어서 부가가치의 상당 부분을 일본이 가져가게 되는 구

한국의 무역수지

자료: 부품소재종합정보망

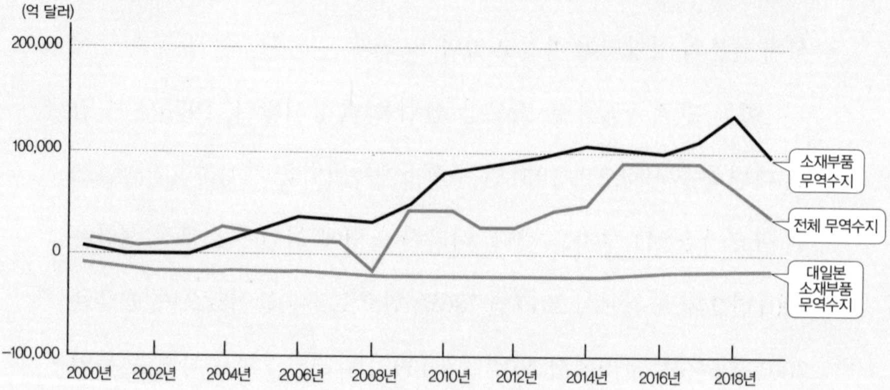

부품소재 품목별 무역수지

단위: 달러 | 자료: 부품소재종합정보망

구분	전체 무역수지	대일본 무역수지
소재	271억 2,300만 달러	–67억 3,900만 달러
– 섬유제품	9억 100만 달러	–4,200만 달러
– 화학물질 및 화학제품	153억 4,700만 달러	–36억 8,900만 달러
– 고무 및 플라스틱제품	56억 7,500만 달러	–14억 6,900만 달러
– 비금속 광물제품	–5억 7,400만 달러	–5억 4,100만 달러
– 1차 금속제품	57억 7,500만 달러	–10억 달러
부품	721억 3,000만 달러	–74억 1,100만 달러
– 금속가공제품	27억 2,000만 달러	8,200만 달러
– 일반기계부품	86억 700만 달러	–10억 7,000만 달러
– 전기장비부품	40억 4,500만 달러	–8억 9,300만 달러
– 전자부품	392억 4,100만 달러	–45억 1,300만 달러
– 정밀기기부품	7억 5,100만 달러	–9억 4,200만 달러
– 수송기계부품	167억 6,600만 달러	–7,400만 달러

조적 문제를 '가마우지 경제'[01] 라고 한다. 가마우지라는 새의 목 아래를 끈으로 묶어 물고기를 삼키지 못하게 만든 뒤, 물고기를 잡게 하여 가로채는 중국 계림지방의 물고기잡이 방법에 비유한 것이다.

2019년 산업통상자원부는 소부장 경쟁력 강화 대책을 발표하면서 국내 소부장 산업을 가마우지 경제에서 펠리컨 경제로 바꿔나가겠다고 밝힌 바 있다. '펠리컨 경제'란 먹이를 부리 안에 저장했다가 새끼에게 먹이는 펠리컨처럼, 한국의 소부장 산업의 자립도를 높이고 부가가치를 창출해 파급효과를 만들어낸다는 의미다.

01 개인적으로 가마우지 경제라는 말을 반기지 않지만, 언론 등에서 종종 사용하기 때문에 독자들의 이해를 위해 본문에 실었다. 일본 경제평론가 고무로 나오키(小室直樹)는 1988년『한국의 붕괴』라는 책에서 가마우지 경제론을 주장했다. 그의 냉소적인 글을 읽다 보면, 우리가 소부장 자립화를 왜 해야 하는지 그 이유를 다시 한번 가슴에 새기게 된다.

"한 · 일 경제 마찰의 하나는 이른바 '가마우지 경제'의 함정이다. 한국의 생명선은 수출에 있다. 수출을 늘리기 위해서는 일본에서의 자본재, 중간 생산물 등 수입을 늘려야 한다. 즉, 수출이 늘어나면 늘어날수록 일본으로부터의 수입도 늘어난다. 이 딜레마. 그렇기 때문에 한국이 수출을 해서 벌면 벌수록 대부분의 이익은 모조리 일본에 보내지게 된다. 한국 경제는 마치 일본이라는 가마우지 사육사에게 사육되고 있는 가마우지 같은 존재가 아니겠는가. 때문에 가마우지 경제다. (중략) 물론 한국도 이런 고질병을 치료하려고 노력한다. 그러나 어떻게 해도 안 된다. 한국이 일본으로부터 수입하는 자본재, 부품은 경쟁력이 높고 부가가치가 높은 수출부품을 만들기 위해서는 필수 불가결하다. 이처럼 우수한 자본재, 부품을 일본 이외의 국가로부터 수입하려고 해도 대체할 여지가 없다. 또한 국산화도 어렵다. 초조해도 발버둥쳐도 소용이 없다. 마치 개미지옥과 같다." (고무로 나오키,『한국의 붕괴』, 광문사, 1988, pp.208-211 발췌)

PART 1

일본은 어떻게 소부장 강국이 되었는가?

길라잡이

일본적 특수성을 넘어서

- 일본은 어떻게 소부장 강국이 되었나?

기존 시각: 일본의 특수성이 경쟁력의 핵심이다

"일본은 어떻게 소부장 강국이 되었는가?"

이 질문에 대한 일반적인 인식은 그동안 주로 일본적 특수성에 초점이 맞추어져 있었다.

2차 세계대전을 일으킨 독일과 일본이 제조업 강국이 되었다는 것을 근거로, 전쟁이 일본의 산업 발전에 강력한 영향을 미쳤다고 설명하는 시각도 있다. 또는 에도 시대부터 내려오는 장인정신을 체화한 기술자들, 수천 년 전 불상 제작 등에 뿌리를 두고 있는 장수기업 등 세계에서 유래를 찾기 어려운 존재들의 역할과 역사, 축적의 힘을 강조하는 견해도 있다. 한편 1970~1980년대 세계 경제를 주름잡았던 전자·자동차와 같은 주력산업의 뒷받침, 소니·토요타자동차와 같은 제조 대기업과의 연계, 마쓰시타 고노스케파나소닉, 이나모리 가즈오교세라, 혼다 소이치혼다모터스와 같은 혁신적 창업자들의 노력을 강조하는 의견도 있다.

이러한 접근들은 이해하기 쉽고 친숙하며 일정 부분 설득력이 있다. 필자 역시 일본 관련 업무를 해오면서 이런 의견들을 많이 들어왔고, 다른 이들에게 전달하기도 했다. 그런데 이번에 일본 소부장 기업들의 창업과 성장, 쇠퇴의 역사를 수집하면서 그간 당연하다고 여겨왔던 것과 다른 점들을 발견했고, 기존의 생각이 정말 타당한 것인지 되묻게 되었다.

전쟁, 장인정신, 장수기업, 첨단산업이 원인일까?

과연 전쟁, 장인정신, 장수기업, 첨단산업과 같은 일본적 특수성을 강조하는 기존의 설명은 일본 소부장 산업의 성장을 충분히 설명하고 있는 것일까?

전쟁은 물적, 인적 자원을 총동원하는 계기가 되므로 기술발전에 기여했을지 모르지만, 억압적인 경제사회 환경으로 인해 오히려 다양한 기업과 산업의 발달을 방해하지 않았을까?

일본 제조업이 장인들의 지난한 노력과 장수기업의 축적된 기술에 힘입어 발전했다는 견해는 1970~1980년대 고도성장 시기, 일본의 수많은 소부장 기업들이 짧은 기간에 비약적인 발전을 한 사실을 충분히 설명할 수 있을까?

우리가 익히 알고 있는 일부 주력 업종들과 대기업들, 성공한 일부 경영자들의 노력만으로 우리가 알지도 못했고, 한 번도 들어본 적이 없는 제품을 생산하며, 수많은 산업의 구석구석까지 모세혈관처럼 퍼져 있는 일본 소부장 산업의 광범위함을 충분히 설명할 수 있는가?

일본 소부장 성장의 동력을 찾아서

이러한 의문을 가지고, 1장에서는 다음과 같은 부분에 주안점을 두고 서술했다.

첫째, '전쟁'보다는 폭발적인 창업과 업종의 분화를 가져온 2차 세계대전 패전 이후의 '일본 경제사회의 역동성'에 주목했다.

둘째, 오랜 역사와 기술의 '축적'보다는 현대 일본의 거대 과학기술 투자와 강력한 국산화 정책의 뒷받침을 받은 선도기업들의 '무한도전'과 '압축적 성장'을 조명했다.

셋째, 주력산업, 대기업, 성공한 기업인과 같은 '주류'가 아니라, 주력산업의 후발주자들, 비주류 업종의 생존자들, 기존의 규칙에 의문을 던진 반골들과 같은 '비주류들'에 초점을 맞추어 일본 소부장 산업의 탄생과 성장과정을 설명하려 했다.

전쟁, 장인정신, 장수기업과 같은 일본적 특수성을 강조하는 기존의 시각은 자칫 일본과 같은 특수한 역사적 경험과 전통이 없는 국가는 산업발전이 어렵다거나, 일본과의 격차를 줄이기 위해서는 세기를 넘는 노력이 필요하다는 왜곡된 인식을 불러올 수 있다.

또한 기존의 시각으로는 일본 기업의 탄생과 성장과정은 설명할 수 있겠지만, '잃어버린 20년'이라고 불리는 일본 제조업의 성숙 및 쇠퇴과정을 설명하는 데는 한계가 있다. 즉 1990년대 이후 일본 제조업의 침체는 군수산업에 대한 투자 미흡, 장인정신의 후퇴, 장수기업의 소멸 때문이 아니라, 일본 경제사회가 역동성보다는 안정성을 선택하고, 도전보다는 안정을 선호하며, 비주류들이 설 자리를 잃었기 때문이라고 보아야 할 것이다. 그리고 이렇게 정확한 분석과 인식을 갖추어야만 비로소 우리 소부장 산업을 키우기 위한 적합한 처방이 나올 수 있을 것이다.

일본 소부장 경쟁력의 원천

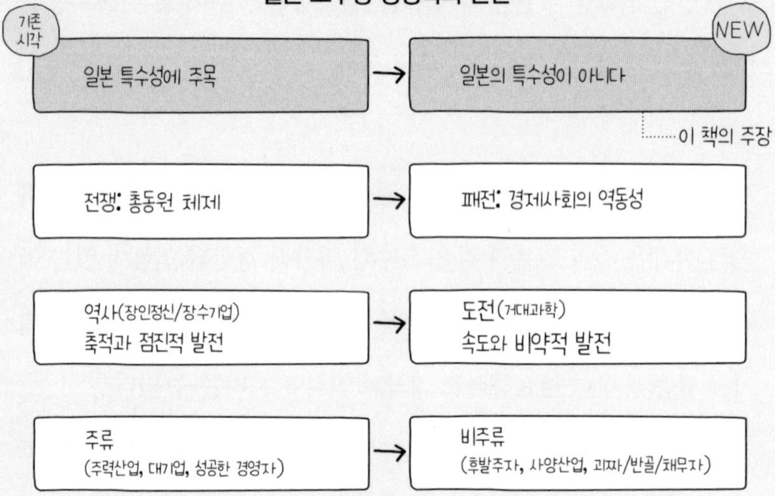

1

패전: 경제사회의 역동성

2차 세계대전 이전의 일본은 제조업 기반이 취약했다. 국가 간 비교우위를 나타내는 수출입 품목을 살펴보면, 1930년대1934~1936 일본의 주요 수출품목은 섬유56.4%, 잠사와 농식품9.0% 같은 1차 산업 관련 품목이었다.

제조업 기반산업인 기계류의 수출은 걸음마 단계였고, GDP에서 수출의 비중도 6.4%에 불과했다. 당시에는 정밀부품과 공작기계를 서양에서 수입해서 간단한 장비주로 재봉틀를 만들어 아시아 시장에 수출했다.

제조기술도 성숙하지 못했다. 미국과 유럽에 비해 기술력이 뒤처져 있었기에, 1923년 관동대지진 이후 요코하마와 오사카에 진출한 미국 공작기계 대기업들로부터 가공기술 지도를 받기도 했고, 2차 세계대전으로 이들이 미국으로 철수한 이후에는 귀화한 미국인 기술자들에게 의존했다.

기업 전문화도 아직 자리를 잡지 못했다. 일본 전자산업에 영향을 준 바르크하우젠[01] 교수는 1938년 일본의 제조현장을 실사하고 나서 "일본 메이커들은 어디를 가도 똑같은 것을 만들고 있다. 재료부터 제품까지 다른 회사들과 완전히 같은 방식으로 제품을 만든다. 이런 식으로는 각자의 장점이 나올 수 없다"라고 평가한 바 있다.[02]

이 시기에는 고도의 기술력으로 남들이 하지 않는 분야에서 차별화를 하고, 압도적인 시장점유율을 목표로 하는 현대 일본의 소부장 우량기업의 모습은 아직 찾아볼 수 없었다.

전시 총동원체제는 경쟁력의 원천이 아니다

전쟁은 많은 것을 바꾸어놓았다. 일본과 연합국 사이에 벌어진 태평양전쟁1941~1945년에 투입된 군수업체는 토요타자동차, 쿠보타, 브릿지스톤, 마쓰시타전산과 같은 대기업의 뿌리가 되었다. 이들은 전차·

01 하인리히 바르크하우젠(Heinrich Georg Barkhausen, 1881~1956년), 독일의 물리학자이자 전기공학자. 1907년 드레스덴대학을 졸업하고, 지멘스연구소에 입사했으며, 1911년 드레스덴대학 통신공학 교수로 일했다. 바르크하우젠 효과를 발견하여 초단파용 전자관 발전에 기초를 쌓았다. 일본인 유학생을 교육해 일본 전자산업에 큰 영향을 준 것으로 알려져 있다.

02 나카가와 야스조우, 『일렉트로닉스 왕국의 선구자들: 해군기술연구소』, 광인사NF문고, 1997년, p.64에서 재인용.

군함·항공기 등을 생산했고, 이와 함께 조선·기계·철강과 같은 제조업 기반기술도 함께 성장했다.

1970~1980년대 일본 경제의 고도성장을 뒷받침하는 제도적 틀도 이때 형성되었다. 전쟁 중에 시행한 임금통제령[03]은 연공서열식 임금과 종신고용이라는 일본 특유의 고용체제로 발전했다. 일본의 순응적인 노사관계는 군수업체를 관리하고, 노동력을 최대한 이용하기 위해 전시에 설치한 산업보국회[04]에 뿌리를 두고 있다. 군수업체를 지원하기 위해 일본흥업은행 현재의 미즈호 파이낸셜 그룹 을 통해 실시한 명령융자제도[05]는 중화학공업과 같은 유망 업종과 기업에 자금을 집중

03 임금통제령은 일본이 태평양전쟁을 수행하기 위해 발표한 국가총동원법에 근거한 칙령이다. 1939년 군수업체의 임금을 억제하기 위해 종업원 수 50명 이상의 사업장을 대상으로 공포했다. 처음에는 군수산업 분야의 초임 임금을 제한했고, 1940년 광공업 전 부문으로 확대했으며, 지역별·남녀별·직업별·업종별·연령별·경험별로 임금을 규정했다. 1941년에는 가격통제령이 발령되어 목수, 미장이 등의 품삯도 통제했다(일본직업협회).

04 중일전쟁 이후 일본에서는 전쟁 수행을 위한 노사협조 필요성이 제기되어 1938년 산업보국연맹과 사업장 단위 산업보국회가 설립되었다. 노사일체를 중심으로 하는 산업보국운동이 확산하면서, 1940년 노동계를 이끌던 사회대중당, 노동총동맹, 일본노동조합회의는 해체됐다. 후생대신을 총재로 하는 일본산업보국회 산하에는 6만 개의 산업보국회가 설치되었고, 회원 수는 481만 명에 이르렀다. 1942년에는 건설업이나 항만 하역 등 일용직 노동자를 대상으로 하는 산업보국운동의 목적으로 노무보국회가 설립되었다. 1952년 국가총동원법이 제정되어 노동쟁의는 제한 또는 금지되었다(일본직업협회).

05 일본흥업은행은 산업금융 공급을 위해 메이지 시대에 설립되었다. 1939년 회사이익 배당 및 자금융통령에 의해 명령융자기관으로 지정되었다. 전시에는 강력한 권한이 주어졌다. 채권발행 한도는 5억 엔이었으나 임시자금조달법에 따라 50억 엔이 추가되었으며, 정부가 이자 지급을 보증했다. 일본 정부는 일본흥업은행을 통한 명령융자제도를 통해 자금배분을 조정할 수 있었다. 1941년 말 일본흥업은행의 대출 잔액 중 26%는 명령융자였으며, 이 중 57%는 항공기산업에 유입되었다(히토츠바시대학 경제학 교수 노구치 유키오, 2010년).

시키는 관치금융으로 변모했다.

전쟁이 일본의 소부장 산업 발전에 우호적이지만은 않았다. 군수산업에 뿌리를 둔 대기업 지주회사 체제는 계열사 간 거래 관행으로 이어졌고, 이는 중소기업 간의 경쟁과 혁신을 더디게 하는 요인으로 작용했다.

매우 급하게 추진된 전쟁물자 생산이 기술의 불균형적인 발전을 초래하기도 했다. 기계기술의 집합체인 일본의 육군 전차1989년식는 베어링의 내구성 부족, 야금술 미흡으로 주행 중 궤도를 이탈하거나 실린더가 타버려서 미국의 셔먼 전차에 대적하지 못했다. 또 일본열도를 방어하기 위해 설치한 레이더는 전자부품 기술의 부족으로, 1945년 3월 9일에서 10일까지 계속된 미국의 도쿄 대공습 당시 미군 폭격기를 탐지해내지 못했다. 긴급하게 영국식 레이더를 복제했으나 전쟁이 끝날 때까지 실전에 배치하지 못했다.

한편 '1940년 체제'에서 유래한 종신고용 등 일본식 경영방식은 고도성장이 끝난 1990년대부터는 오히려 기업들의 혁신을 저해하는 요인으로 작용했다.

이러한 점에서 일본 소부장 산업의 발전을 이끄는 핵심적 원동력을 알아보기 위해서는 전쟁에 방점을 둔 그간의 인식과는 달리, 패전 이후에 초점을 맞추어야 한다.

일본 소부장 산업은 전쟁의 폐허에서 자라났다. 패전 이후, 전쟁에 갇혀 있던 사람과 기술, 물자가 봇물 터지듯 일본 사회에 방출됐다. 일본 근현대사에서 가장 역동적이었던 이 시기에 소부장 산업의 씨앗이 뿌려졌다. 그 역동성의 한 단면을 창업률과 폐업률 통계에서도 확인해볼 수 있다. 1955년의 창업률은 20%, 폐업률은 15%로 2000년대 대비 각각 5배, 4배 높았다. 한 해에 18만 개 업체가 창업했고, 14만 개가 문을 닫았다.

패전 후 일본에는 퇴역한 군인, 귀환한 학도병, 실직한 기술자들

일본 창업률과 폐업률 추이(1955~2016년) **자료: 일본 중소기업청(2017년)**

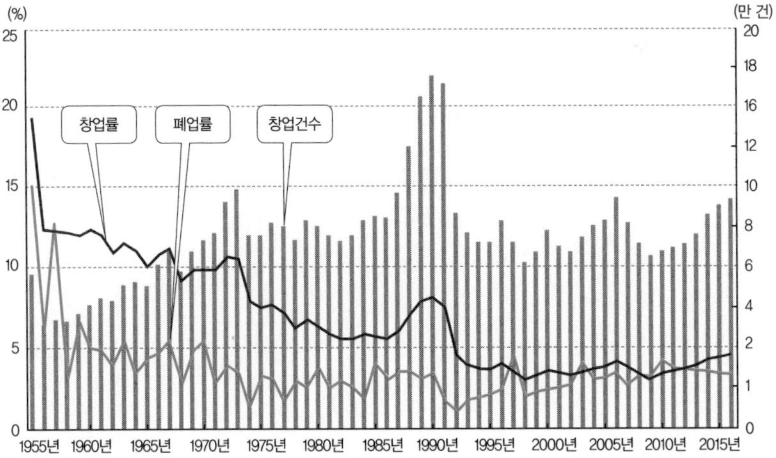

이 넘쳐났다. 군수업체의 폐업으로 일자리를 찾을 수 없었던 많은 사람이 대안으로 창업을 택했다. 소니1946년, 세키스이화학공업1947년, 파이오니아1947년, 혼다기연공업1948년, 오므론1948년, 와코루1949년, 무라타제작소1950년와 같이 우리 귀에 익은 대기업들이 이때 생겨났다.

일반인들에게 잘 알려지지 않은 소부장 중소기업들도 이 시절에 함께 탄생했다. 세계시장 점유율이 90%에 달하는 자동차 배기가스 측정장비업체인 호리바제작소는 패전으로 연구를 중단한 교토대 원자 핵물리 공학자가 1953년 창업했다. 원자 단위 관찰이 가능한 전자현미경 업체인 일본전자는 해군연구소 출신의 퇴역 장교가 1949년에 세웠다. 또 오토바이 헬멧으로 유명한 아라이헬멧은 열대용 일본군 군모를 만들던 일본 육군성 군수국의 촉탁 계약직 직원이 1950년 제조법인을 창업했으며, NASA에 카메라 부품을 공급하는 미타카광기는 태평양전쟁에서 살아 돌아온 학도병이 국립천문대 수리공으로 일하다가 1966년에 창업했다. 야광도료 기술은 나치 독일이 일본에 전수한 것으로, 일본 기술자들은 패전 후 1948년 네모토특수화학이라는 전문업체를 세웠다.

'차별화'라는 핵심 전략

전시 통제경제가 해체되고, 패전 후 자유시장경제하에서 창업이 늘어나면서 치열한 경쟁에 노출된 소부장 기업들은 생존을 위해 다른 기업과는 다른 자신만의 특기 분야를 선택해서 밀어붙이는 차별화의 길을 걸었다.

전쟁 중인 1942년에 설립된 오카모토광학연구소는 원래 해군용 육분의를 만들었다. 육분의란 두 점 사이의 각도를 정밀하게 재어 관측지점의 위도와 경도를 구하는 광학기계로서 태양, 달, 별 등의 수평선상의 각도를 재어 구한다. 이 회사는 해군용 육분의를 만들 때 프리즘을 평평하게 깎는 기술을 특기로 삼아, 이후 평면 계측기 업체로 성장했다.

아사히수낙Ashahi Sunac은 1942년에 설립되었는데, 금속을 눌러 총알을 만드는 기술을 빌려 볼트 등 압조 부품을 만드는 장비에 특화시켰다. 일본제강소1950년 설립는 대포를 생산할 때 초대형 강괴를 용접하지 않고 통째로 성형하는 기술을 활용하여 원자력 압력용기 분야에 진출하여 세계시장 점유율 80%를 달성했다. 기관총 업체에서 파생된 오사카정밀기계1951년 설립는 기어의 정밀도를 측정하는 것을 주특기로 삼아 측정기 부품 생산업체로 성장했다.

이 시기에 창업한 기업들이 군수산업 연관 여부나 기술의 우수성을 떠나, 전쟁 전과는 달리 '평평하게 깎는다', '눌러 성형한다', '압력을 견딘다', '정밀도를 측정한다'와 같이 타 기업과 차별화할 수 있는 분야를 찾아 주업主業으로 삼았다는 것은 다양성과 차별화를 핵심으로 하는 소부장 산업의 발전에서 큰 의미를 갖는다.

결론적으로 소부장 기술의 뿌리는 '전쟁'에 있었을지 모르지만, 차별화라는 핵심 전략의 뿌리는 '패전 후'에 자리 잡았다고 할 수 있다.

한편 전쟁 후 미군정GHQ, General Headquaters의 정책도 소부장 산업의 발전에 우호적인 환경을 조성했다. 미군정은 1946년 지주회사정리위원회를 설립하여 재벌가족 주식을 일반인에게 매각하는 등 재벌 해체를 단행했다. 군수산업에 부역했던 나이 든 경영자들을 퇴출시켰고, 이 자리를 30~40대 임원들이 대신했다. 미군정의 비군사화 노선이 반공주의 노선으로 변경되면서, 대기업의 분할 계획은 애초 325개 사였으나 실제는 11개 사로 '미완'에 그쳤다. 하지만 이 과정에서 여러 소부장 하청업체들이 대기업 계열에서 벗어났다.

또한 아이러니하게도 패전 후의 일본 경제에서 외자 규제로 인한 수입 곤란, 극심한 물자 부족과 같은 혼란스러운 상황도 소부장 업체의 탄생에 기여했다. 오사카의 밸브 유통업체였던 후지킨1945년 설립은 독일산 밸브 수입이 어려워지자 제조업으로 업종을 바꾸었고, 반도체 소재인 포토레지스트의 원재료를 공급하고 있는 코난화공1952년 설립은 설탕 부족으로 사카린을 만들던 작은 공장에서 출발했다. 부품가공 장인기업인 기타지마시보리제작소1947년 설립는 패전 후 솥을 만들던 철공소였다.

1990년대 이후 일본, 왜 새로운 소부장 기업이 안 나오나?

—역동성 대신 안정성을 택한 대가

이처럼 패전 이후 수많은 소부장 강소기업을 배출한 일본에서 왜 '잃어버린 20년'이라고 불리는 1990년대 이후에는 새로운 소부장 기업이 나오지 않을까?

여기에는 여러 원인이 복합적으로 작용했겠지만, 패전 당시와 비교해 일본 경제와 사회의 역동성이 떨어진 점에 큰 비중을 두어야 할 것이다.

다시 한번 창업 및 폐업률 통계로 돌아가보자. 2015년 기준 일본의 창업률은 5.8%인데, 이는 프랑스13.2%, 영국13.1%의 절반에도 미치지 못하며, 세계에서 가장 낮은 수준이다. 또 일본의 폐업률은 3.5%로서 영국12.2%, 프랑스10.3%의 3분의 1로, 이 역시 세계에서 가장 낮은 수준이다.

1945년 패전 후 70여 년이 흐른 지금, 역동적이었던 일본은 창업도 폐업도 거의 없는 안정된또는 침체된 사회가 되었다참고로 2018년 기준

한국의 창업률은 14.7%, 폐업률은 11.5%이다. 그러나 역동성의 자리를 안정성이 차지한 대가는 컸다. 글로벌 시장조사업체인 미국의 CB인사이트의 2020년 조사에 따르면, 기업가치가 10억 달러 이상인 스타트업 및 유니콘 기업 442개 중에서 미국 기업은 217개, 중국 기업은 104개인데 일본 기업은 단 3개에 그쳤다.

세계은행의 2019년 기업환경평가Doing Business 2019에 따르면, 일본의 비즈니스 환경은 2013년 15위에서 2019년 25위로 하락했으며, 한국3위, 폴란드20위, 포르투갈21위, 체코22위보다 낮았다. 이 조사에서 10개 평가항목 중 법인설립 항목은 93위한국 11위, 신용공여 항목은 85위한국 40위, 납세 항목은 97위한국 24위, 계약집행 항목은 52위한

세계의 유니콘 기업 수 자료: 일본국민민주당(2020. 1. 28.)

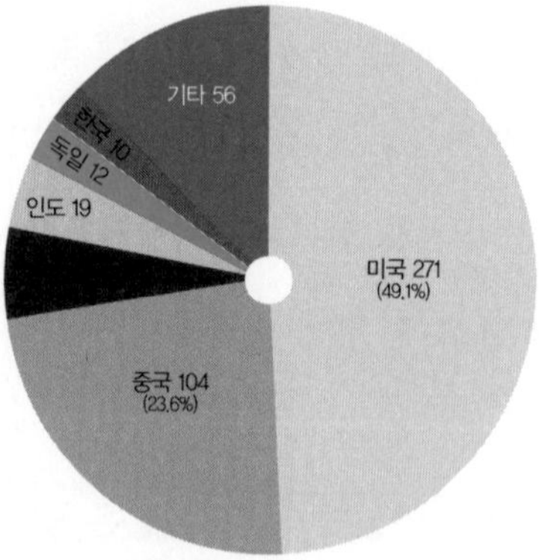

유니콘 기업
· 설립 10년 미만, 미상장
· 평가액 10억 달러 미만

	2015년 9월 20일		2020년 1월 21일
미국	86	↗	217
중국	21	↗	104
영국	5	↗	24
인도	7	↗	19
독일	4	↗	12
일본	1	↗	3
합계	139	↗	442

국 2위로 평가받았다.[06] 대내 직접투자2016년는 G7 중에서 가장 낮은 188억 달러에 그쳤는데, 일본 국내 언론에서는 한국170억 달러에 역전될 것을 우려하는 목소리가 커졌다.

★★★

전쟁과 군수산업이 일본 소부장 기술의 형성과 인력 양성에 큰 영향을 주었다는 기존의 시각을 완전히 부인할 수는 없다. 그러나 이렇게 형성된 소부장 씨앗은 획일적, 억압적, 일방적인 전쟁 상황에서는 땅밑에서 숨을 죽이고 묻혀 있을 수밖에 없었으며, 패전 이후 역동성, 개방성이라는 비를 맞은 뒤에야 드디어 그 싹을 틔웠다고 볼 수 있다.

06 일본 내부에서는 정부의 비효율을 비즈니스 환경 악화의 중요한 원인으로 보고 있다. 다이와증권의 계열 연구소인 다이와총연은 2017년 일본 정부와 지방의 행정절차 비용으로 GDP의 1.16%에 상당하는 6.2조 엔의 손실이 발생하며, 비효율을 20% 줄이면 GDP의 0.24%, 1.3조 엔의 경제효과가 있을 것이라고 분석했다.

2

거대과학: 극한에 도전하다

소부장과 '거대과학'이 만났을 때

"소부장은 극한을 추구한다."

가장 매끄러운 금속 표면TDC, 가장 얇은 선을 그리는 장비에리오닉스, 부식되지 않는 클립미즈호, 가장 가벼운 옷감아마이케, 완벽한 원모양 가공미크론정밀, 뒤틀림 없는 금속가공가미지마열처리공업소, 검정색에 가장 가까운 울트라 블랙 도금에비나전화공업, 10배 오래가는 야광네모토특수화학.

"남극, 우주 탐험은 극한에 도전한다."

남극탐험은 영하 94°C의 혹한, 시속 140㎞의 강풍블리자드, 기록적 폭설48시간 동안 12.2m, 물 부족연평균 강수량 200㎜과의 싸움이다.

초속 8㎞의 속도로 지구에 재진입하는 미국의 우주왕복선은

1,500℃를 견뎌내야 한다. 진입속도가 초속 12㎞로 더 빠른 일본 소행성 샘플 회수선하야부사, 미국 혜성 샘플 회수선스타더스트의 귀환 캡슐은 1만℃의 고온을 견뎌내야 한다용광로는 2,300℃.

우주에는 대략 1,000억 개의 은하가 있고, 각각의 은하에는 저마다 평균 1,000억 개의 별이 있다. 수많은 별 중에서 지상 천체망원경은 약 20억 년 전, 허블 우주망원경은 80억~120억 년 전, 제임스웹 우주망원경은 137억 년 전에 생성된 천체를 찾아낸다.

극한에 도전한다는 공통점

극한에 도전한다는 공통점이 있는 소부장과 거대과학은 서로 만났을 때 시너지를 발휘한다. 소부장은 거대과학을 뒷받침하고, 거대과학은 소부장의 혁신을 촉진한다고 할 것이다.

패전 후 혼돈 속에서 탄생한 일본 소부장 기업들은 남극탐험대, 우주개발, 스바루 망원경미국 하와이 마우나케아천문대에 있는 일본국립천문대의 망원경으로 세계 최대 단일 광적외선 망원경으로 유명하다과 같은 거대과학 프로젝트에 도전하며, 세계 정상급으로 비약적인 성장을 했다. 일본 소부장 기업들의 성공에서 오랜 역사와 기술 축적보다는 극한에의 도전과 폭발적 성장에 방점을 찍어야 하는 이유다.

"더 이상 전후가 아니다[07]"

일본은 1956년의 경제백서에서 자국이 패전의 상처에서 벗어나 경제부흥 궤도에 본격적으로 진입했다고 선언했다. 같은 해 등대 수리선을 개조한 남극 관측선 소야SOYA는 53명의 대원을 태우고 남극탐험을 떠났다. 이후 일본은 1957년 남극에 쇼와기지를 건설했으며, 60여 년 동안 3,300여 명의 대원을 파견했고 극지 탐험을 통해 오로라 관측, 아이스코어 채굴, 오존홀 발견1982년 등 과학적 성과를 거두었다.

남극탐험이 소부장과 만났을 때

남극탐험은 산업기술 발전에도 영향을 주었다. 일본 최초의 조립식 주택은 남극탐험을 위해 개발된 것으로, 목질 패널을 사용해 영하 50°C의

07 1956년 경제기획청이 경제백서 『일본경제의 성장과 근대화』의 결말에서 "이제는 전후가 아니다"라고 기술하면서 이 문구는 유행어가 되었다. 이는 1955년에 경제수준을 가장 잘 나타내는 지표인 1인당 실질 국민총생산(GNP)이 전쟁을 일으키기 전인 1934~1936년의 평균 수준을 넘어섰다는 의미이기도 하다. 또 1955년 일본에서는 3종의 신기(神器)라고 불리던 냉장고, 세탁기, 흑백 TV와 같은 내구 소비재 붐이 일어났다.

혹한과 초속 60m의 강풍을 견딜 수 있고, 기계의 도움 없이 오로지 사람의 힘으로만 지을 수 있도록 설계했다. 일본건축학회가 설계를 담당하고, 다나카공무점이 패널을 개발했으며, 주택 건설업체인 미사와홈즈가 참여했다.

풍력발전기는 남극의 강풍과 혹한을 극복하며 발전했다. 1차 탐험대는 지름 4.4m의 날개를 3개 장착한 기초적인 풍력발전기혼다기연공업의 설계 및 제작를 비상전원으로 가지고 갔다. 1991년에는 풍력발전기를 1kw급으로, 2000년에는 10kw급으로 성능을 향상시켰으며, 2016년 20kw급이 디젤 발전기와 연계하여 남극기지의 전력원 중 하나로 자리 잡았다. 이러한 과정에서 강풍에 견디는 블레이드추진기 따위의 날개, 진동을 경감시키는 타워 등 다양한 소부장 기술이 발전했다.

1965년에는 대형 설상차가 개발되었다. 쇼와기지에서 남극점까지 왕복 탐험을 위해 영하 60°C에서 8톤의 화물을 싣고 6,000㎞를 주행할 수 있는 설상차를 개발한 것이다. 일본 방위청의 기술연구본부가 설계했고, 건설장비업체인 고마쓰제작소가 제작을 담당한 이 설상차는 혹한의 환경에서 디젤 엔진의 내구성 향상 등 수송기계 소재부품의 발전에 기여했다.

이밖에도 1952년 소형 설상차오하라철공소, 1984년 디젤 발전기얀마홀딩스, 1987년 위성 데이터 수신 시스템NEC, 일본전기, 2009년 3만

마력의 디젤 전기추진 쇄빙선히타치제작소 등 많은 기업들이 남극탐험 프로젝트에 참여해서 소부장 기술을 갈고닦았다. 그러나 남극탐험이 소부장 기업의 성장에 어떻게 기여했는지를 설명하기 위해서는 에코정기의 사례보다 더 좋은 것은 없을 것이다.

일본 남극탐험대의 산업기술적 성과 자료: 일본 남극OB회

기간	회차	산업/기술적 성과
1956~1961년	1~6차	·조립식 주택 개발 ·인스턴트식품 개발 ·소형 설상차 개발
1966~1975년	7~17차	·대형 설상차 개발(스키장 보급) ·방한장비(의류, 텐트) 개발 ·쇄빙선 건조 ·저온사양 연료 개발(등유, 휘발유)
1976~1980년	18~22차	·무인기상관측장비, 자동기상관측장비 개발 ·인공위성에 의한 통신방송 보급
1981~1985년	23~27차	·복합발전기 시스템 완성 ·대형 조립식 건축물 개발 ·대형 쇄빙선 건조 ·장력강, 저온강 개발 및 용접기술 향상
1986~1990년	28~32차	·인공위성 관측기술 ·원격 센서 보급
1991~1995년	33~37차	·항공기 이용 무인관측 시스템 개발 ·초저온 사양 설상차 개발 ·동물생태관측용 초소형 틸트로터* 개발
1996~2000년	38~42차	·환경관련기술 개발

*틸트로터: 헬리콥터와 터보프롭 비행기의 특성을 겸비한 수직 이착륙기.

남극탐험의 작은 납품업체에서 태양광 기업으로

1956년 22마리의 사할린 개와 함께 쇄빙선 소야를 타고 남극으로 간 53명의 대원들은 일사계를 가지고 갔다. 태양빛을 측정하는 일사계는 남극탐험의 필수품이었고, 일본 기상청은 과학기기 수입업체였던 에코정기에 일사계 제작을 의뢰했다.

에코정기는 1차 탐험대에 일사계를 납품한 것을 인연으로 1979년 20차, 1981년 21차 남극탐험대와 함께 남극 일사량 계측 프로젝트에 참여했다. 실험실이 아닌 남극의 극한 환경에서 1년 365일 태양빛을 측정하는 기술을 축적한 에코정기는 이후 1988년 미국해양대기청NOAA에 일사계 1천 대를 수주하는 등 일사계 분야에서 독보적인 위치에 올랐다.

당시에 일사계는 큰돈이 되는 비즈니스는 아니었다. 수요자는 기상청 정도였고, 15년에 한 번 정도 교체수요가 생기는 협소한 시장이었다. 그러나 2000년대 들어 에코정기의 일사계는 태양광 발전과 만나며 빛을 보게 되었다. 태양광 패널의 성능을 관리하기 위해서는 태양빛을 측정하는 일사계가 필수적이기 때문이다. 실험 환경이 아닌 전천후 환경에서 일사량을 측정하는 노하우를 가진 업체는 남극탐험에 참여한 에코정기밖에 없었다. 에코정기는 태양광 패널용 전천후 분광방사기를 만들어 세계시장을 독점했다. 작은 과학기기 수

입상이 종업원 86명의 단단한 중소기업으로 성장했고, 무려 100%의 세계시장 점유율을 달성한 것이다.

일사계는 남극탐험의 필수품이지만 고가의 물품은 아니었기 때문에, 1950년대의 일본 입장에서는 국산화를 추진하기보다는 외국에서 수입하는 편이 더 경제적이었을지도 모른다. 그러나 일본은 남극탐험을 통해 자국의 기술자립과 산업발전을 이루겠다는 의지가 강했다. 1956년 남극지역 관측기계관계준비위원회의 3대 기본방침을 보면 이를 확인할 수 있다.

- 첫째, 모든 물품은 일본산 제품으로 한다.
- 둘째, 국내에서 사용되고 있는 물품에 최소한의 개량을 해서 영하 30~60°C에서도 사용할 수 있게 한다.
- 셋째, 남극용으로 특별히 설계·제작한 물품도 포함한다.

이렇게 강력한 국산화 의지가 바로 에코정기와 같은 소부장 기업이 생겨날 수 있었던 중요한 원동력이었다.

★★★

한국의 극지연구도 일본에 못지않다. 한국은 1988년 세종과학기지를 시작으로 2002년 북극 다산기지, 2014년 동남극의 장보고 내륙기지를 세웠고, 최초의 쇄빙선인 아라온 호도 진수하여 극지탐험 인프라를 갖추었다.

과학기술적 성과도 내고 있다. 극지연구소는 북극 상공 제트기류의 하강이 미국 북동부의 폭설을 불러왔다는 '커튼 이펙트'를 최초로 발견했다. 남극 빙하가 얼마나 빨리 녹고 어떻게 이동하는지 연구하여 해수면 변동을 예측하고, 남극 미개척 내륙에 우리만의 탐사 루트Korean Route를 찾는 K-루트 탐사에도 나섰다.

이렇게 극지연구 분야에서 30여 년간 쌓인 노하우는 소부장 산업의 진흥과 연계할 수 있는 접점이 많다. 국내 극지연구의 산 증인인 윤호일 극지연구소장에 따르면, 남극은 화성과 유사한 환경으로 탐사 로봇의 내구성, 결로, 센싱 등 소부장 성능과 기능을 가늠해보는 테스트베드로 활용할 수 있다. 남극은 자기가 강해 회로에 문제를 발생시키거나 방향 센서에 오작동을 일으키는데, 고위도 지역에서 자주 추락하는 드론의 테스트베드로도 활용가치가 크다는 것이다.

일본의 우주개발 역사는 1955년 도쿄대학교의 이토카와 박사[08]의 펜슬로켓 발사로부터 시작한다. 일본의 국산 발사체는 우주개발 사업의 한 축으로서 1975년 N-I 로켓 이후 N-II 1981년, H-I 1986년, H-II 1994년, H-IIA 2001년 로 발전했으며, 현재는 높이 57m, 무게 530톤의 H-IIB 2009년 를 발사하고 있다.

1992년 일본 최초의 우주비행사 모리 마모루[09] 박사가 국제우주정거장 ISS 에서 과학실험을 한 이후, 일본은 자체 국제우주정거장 실험동 きぼう 키보, 희망 을 운영하고 있으며, 무인 우주 화물선인 HTV H-II Transfer Vehicle 로 물자를 공급하고 있다. 2010년에 발사한 소행성 탐사위성 하야부사는 소행성 이토카와의 미립자 샘플을 가지고 지구로

08 이토카와 히데오(糸川英夫, 1912~1999)는 1954년 도쿄대학 생산기술연구소에 항공공학, 전자공학, 공기역학, 비행역학 등 관련 연구자를 모아 로켓 연구를 시작했다. 1955년 펜슬로켓 수평시험 발사를 시작으로 1963년 인공위성 발사용 뮤 로켓, L-4S 로켓을 연구했다. 2003년 일본의 소행성 탐사선 '하야부사'의 목적지인 소행성 25143은 그의 이름을 따서 '이토카와'로 이름이 붙여졌다(자료: 일본우주항공국).

09 모리 마모루(毛利衛, 1948~)는 1985년에 무카이 치아키, 도이 다카오와 함께 일본인 첫 우주비행사로 선발되었다. 1992년 엔데버 우주왕복선에 탑승하여 재료실험을 했으며, 2000년 다시 엔데버호에 탑승해 지구의 입체 지도를 작성하기 위한 지표 데이터를 취득하는 작업을 했다(자료: 일본우주항공국).

귀환했다.

1969년 과학기술청 산하에 설치한 우주개발사업단NASDA은 우주과학연구소ISAS, 항공우주기술연구소NAL와 통합하여 2003년에는 우주항공연구개발기구JAXA가 되었다. 또한 이 기구는 1969년에 설립한 여의도 3배 규모970만m^2의 다네가시마 우주센터를 운영하고 있다.

우주개발이 소부장의 보물창고인 이유

우주개발은 새로운 제품과 기술의 보물창고다.

의료기기와 조명장치에 사용되는 레이저는 아폴로 우주계획에서 지구와 달 사이의 거리를 측정하기 위해 도입되었다. 농구화는 우주복 기술을 응용하여 발바닥 충격을 흡수하고 점프력을 향상시킨 제품으로 발전했으며, 우리가 일상적으로 사용하는 리모컨은 우주왕복선 승무원의 무선통신 시스템에서 파생된 기술이다. 행글라이더는 아폴로 우주선 회수 시스템의 원리를 이용했고, 발사체 공기역학 실험은 골프공의 비거리를 늘리기 위한 표면 연구에도 활용되고 있다. 우주인을 방사선으로부터 보호하기 위한 헬멧 선바이저직사광선을 피하기 위한 차광판는 선글라스 렌즈에 차용되었고, 전기차 배터리도 처음에는 아폴로 우주선의 예비전원으로 개발되었던 것이다.

솥, 차체, 칼, 그리고 우주산업

일본의 소부장 기업도 우주개발과 함께 성장했다.

패전 후 솥을 만들던 기타지마시보리제작소는 2012년 최초로 해외 위성을 쏘아올려 일본의 상업용 우주항공 시장을 연 H-IIA 로켓의 첨두 부분을 가공하여 금속 특수가공 분야의 1인자가 되었다. 또 신칸센 차체를 제작하는 회사가 파산하고 나서 젊은 기술자들이 만든 신와공업유한회사는 얇은 금속판을 해머로 두드려 모양을 만드는 성형가공 기술과 판들을 붙여 복잡한 형상을 만드는 박판 용접기술을 활용해 로켓 분사구의 노즐을 만들어 재기에 성공했다. 칼을 만들던 모리야하모노연구소는 옛날부터 전해오는 일본의 전통 제철법 다타라[10]을 응용해 일본의 첫 상업위성인 H-IIA 로켓에서 위성을 분리하는 로켓 커터를 개발했고, 유압펌프 부품 부문에서 세계시장의 30%연 1천만 대 생산를 차지하고 있다. 한편 특수도료 전문업체인 오키츠모는 발사대 실리콘 내열도료를 개발하여 3,000°C의 열을 견뎌내야 하는 다네가시마우주센터의 로켓 발사대에 적용했다.

10 다타라는 산이나 강, 바다에서 얻은 사철을 숯의 화력을 이용해 제련하는 일본 전통 제철법이다. 일본도는 다타라 제철로 얻은 가장 좋은 품질의 철을 사용하고, 15번을 접어 내부에 약 3만 개의 층을 형성하여 강하면서도 유연한 성질을 갖는다. 서양식 제철법에 밀려 1920년에 마지막 다타라가 폐업했으며, 2차 세계대전 중 군검 수요로 일시적으로 부활했다(자료: 일본철문화권추진협의회).

소행성 탐사선 하야부사는 TDC 사가 절삭면 가공을 한 샘플 회수통에 소행성 이토카와의 미립자를 담아 왔고, 과학자들은 일본전자의 전자현미경으로 이 미립자의 성분을 분석했다. 제임스 피블스는 TDC의 거울이 들어간 망원경BICEP3 으로 2019년 노벨물리학상을 받았으며, 일본전자의 전자현미경은 노벨상 수상자의 필수품으로 대접받고 있다.

이와 같은 사례는 무수히 많지만 여기서는 후지킨과 유키정밀의 사례를 통해 소부장과 우주개발의 관계를 좀 더 자세히 알아보자.

배관자재 유통상에서 초정밀 밸브의 강자로

오사카의 배관자재 유통업체인 후지킨은 1954년 독일산 밸브의 수입을 의뢰받았는데, 외환규제로 거래선이 막혀 구할 수가 없었다. 당시만 해도 내수용 배관자재를 생산하는 평범한 업체였던 후지킨은 수입선이 막히자 1954년 밸브 공장을 열어 자체 제작에 나섰다.

1970년대에 미국과 구소련은 우주개발 경쟁에 한창이었다. 이때 미국과 함께 일본도 국산 발사체 개발을 추진했고, 1976년 일본 우주항공연구개발기구NASDA, 현 JAXA 는 발사체의 핵심 부품인 밸브의 자체 제작에 나섰다. 이후 후지킨은 1978년 영하 253°C 발사체용 액체수소 온도를 견딜 수 있고, 고압에 대응할 수 있는 엔진 밸브의 개발에 성공하여 다네가시마우주센터의 실험용 발사체 밸브를 납품했다. 이어서 정지위성을 목표 궤도로 이동시키기 위해 엔진에 연료를 공급하는 정밀 밸브까지 납품하면서 본격적으로 초정밀 밸브 사업을 추진했다.

유인우주 분야에서는 우주왕복선 엔데버호에 탑승한 모리 우주비행사가 실시한 잉어의 우주멀미 실험, 일본 최초의 여성 우주인 무카이 치아키가 미국 콜롬비아호에서 실시한 국지미소중력실험 등에 후지킨의 유체제어 밸브 장비가 사용되었다.

이런 과정을 거치며 후지킨은 우주개발용 밸브를 생산한다는 명성을 얻는 것은 물론, 우주개발에 참여하지 않은 다른 업체들은 엄두도 낼 수 없었던 슈퍼 클린룸을 일본 최초로 설치하고, 진공 상태에서 가스 분사량을 조절하는 초정밀 밸브 기술을 축적할 수 있었다.

이후 후지킨의 초정밀 밸브 기술은 반도체 산업과 만나며 한층 더 성장하게 된다. 반도체 장비는 슈퍼 클린룸에서 가스로 움직이는데, 가스가 완벽하게 기화하지 않거나 흘러내리면 반도체 수율이 낮아진다. 그야말로 우주항공의 초정밀 밸브 기술이 딱 들어맞는 분야였던 것이다.

오사카의 작은 배관자재 유통상이었던 후지킨은 이처럼 패전 후 혼란스러운 상황에서 유통업체에서 제조업체로 변신했으며, 우주개발에 참여하여 압축적으로 기술을 축적하고, 반도체 산업과 만나 폭발적으로 성장한 후지킨은 현재는 종업원 수 2,100명의 글로벌 중견 기업으로 성장했다. 2015년에는 한국의 TKSCT 사를 인수해서 한국에 태광후지킨을 설립하고, 반도체 대기업에 장비를 납품하고 있다.

망해가던 철공소에서 시작한 우주개발 전문업체

우주개발은 죽어가는 업체를 살려내기도 했다. 유키정밀은 1950년 나사 전문 하도급 업체로 창업했다. 1991년 매출 정점에 도달한 후 2001년에는 IT 버블 붕괴로 도산 직전까지 가기도 했다. 그러자 도쿄대학 기계공학과를 졸업하고 3D 프린팅회사 인쿠스에서 설계기술자로 일하고 있던 대표의 아들이 위기에 빠진 유키정밀을 회생시키기 위해 3대 사장으로 취임하게 되었다.

새로 취임한 젊은 사장은 유키정밀을 살리기 위해 먼저 회사의 강점이 무엇인지 살펴보았다. '품질, 비용, 납기 중 유키정밀의 강점은 무엇인지? 정밀도나 불량률은 만족할 만한 수준인지? 납기 지연은 없는지? 견적을 내는 속도는 빠른지?' 등 세세한 질문을 만들어 수요업체를 돌며 5단계로 평가해달라고 부탁했던 것이다.

이 조사를 통해 유키정밀이 다른 기업보다 특별히 저렴하게 물건을 만들거나 고도의 기술을 가지고 있는 것은 아니지만, 불량 없이 확실히 납기를 맞추어주는 업체, 신뢰성이 높은 업체라는 강점을 알게 된 3대 사장은 강점을 더욱 강하게 한다는 전략을 세웠다. 그리고 신뢰성을 최우선으로 하는 우주항공 분야에 과감히 진출했다.

먼저 전투기나 로켓에 비해 고품질을 요구하지 않는 여객기가 우주항공 입문 기업에 적합하다고 판단하고, 여객기 부품 수탁가공부터 시작했다. 여객기 부품은 수익성은 낮지만 한 번 수주하면 10년 이상 지속되는 경향이 있기에 안정적인 현금 흐름을 확보할 수 있었다.

이렇게 여객기 부품 가공사업에 안착한 유키정밀은 첨단 우주항공 분야에 진출을 준비하기 시작했다. 우주항공 분야는 사고가 발생했을 때 언제, 어디서, 누가 부품을 만들었는지 추적이 가능해야 한다. 즉, 높은 수준의 이력관리와 품질규격JISQ9100 이 요구된다.

유키정밀은 품질규격 획득 등 사내 체제를 정비하고, 여러 우주항공 프로젝트에 본격적으로 참여했다. 북극 빙하 관찰을 위한 초소형 위성사업, 무인보급선 코우노토리의 자세제어 부품 납품, 지구의 중력이나 자기장의 영향이 미치지 않는 심우주에 투입된 우주선과 지구를 도는 인공위성을 연결해 다양한 실험적 예술을 시도하는 위성예술 프로젝트타마예술대학과 도쿄대학이 주도, 생명이 멀리 있는 행성에서 날아온 박테리아 포자에서 탄생했다는 판스페르미아Panspermia 가설을 검증하기 위한 포집 패널도쿄대 약학대학과 일본우주항공국 주도 프로젝트 등에 참여했다.

이후 '망해가는 하청업체를 V자로 회복시킨' 유키정밀의 이야기는 중소기업 사업 승계[11]의 성공 스토리로 알려졌고, 우주개발을 주제로 다룬 TBS 드라마 '시타마치 로켓' 2015년의 현실판으로도 소개되었다. 드라마에서 주인공 츠쿠다 고헤이는 로켓 발사의 실패에 대한 책임을 지고 회사를 그만둔 뒤 아버지의 뒤를 이어 쓰쿠다제작소를 경영하고, 로켓 엔진 부품을 만들어 재기에 성공한다.

★★★

한국의 우주개발 역사 한국항공우주연구원, 1989년는 미국의 NASA 1955년, 일본의 우주항공연구개발기구 JAXA의 전신인 NAL 1955년과 NASDA 1969년에 비해 약 30~40년 가량 늦다. 현재 우주항공 부품의 국산화율은 대략 60% 정도인 것으로 알려져 있다. 핵심 부품의 국산화를

11 후계자 부재는 일본의 사회문제이다. 2018년 1월 일본 중소기업청의 발표에 따르면 2025년까지 은퇴할 중소기업 경영자(70세 이상)는 245만 명이며, 이 중 절반인 127만 명이 뒤를 이을 후계자가 없어 폐업이 예상된다고 한다.

일본 중소기업 전체의 3분의 1이 후계자 부재로 문을 닫아야 하며, 이 중 절반은 흑자를 내고 있는 우량기업이다. 일본에서는 중소기업의 후계자 부재 이슈를 '2025년 문제'라고 한다.

일본 중소기업청의 추산에 따르면, 후계자 부재로 2025년까지 GDP가 22조 원 감소하고, 650만 명이 일자리를 잃을 전망이다. 친족 등에 회사를 물려주지 못하면 파는 것도 대안이지만, 남에게 회사를 판다는 것 자체에 대한 심리적 저항감, 낮은 매칭 성사율(8%)로 중소기업의 흑자 폐업이 이어지고 있다.

일본 정부는 중소기업 60만 건의 인수합병을 목표로 가이드라인을 제정하고, 무료상담센터를 설치했으며, 인수 후 경영교육 등을 실시하고 있다.

추진했다가 실패하면 우주항공 계획의 전체 일정에 문제가 생기고 성공률을 떨어뜨릴 수 있어, 그동안 국산화에 속도를 내지 못했다고 한다.

한국은 2030년 중소형 위성의 자력 발사, 2034년 국가위성항법 시스템 개발, 2035년 소행성 귀환선 발사라는 목표를 세우고 우주개발을 의욕적으로 추진하고 있다.

2020년 과학기술정보통신부가 '스페이스 파이오니어Space Pioneer'라는 우주항공 부품 국산화 프로젝트를 발표한 것은 소부장 산업의 발전에 고무적인 일이다. 이 프로젝트는 2021년부터 2030년까지 2,115억 원의 사업비를 투입해 핵심 부품 자립화를 추진한다. 위성 자세제어 부품, 위치신호 수신기, 다채널 적외선 검출기, 로켓 추진제 탱크 등 핵심 부품 10여 개가 자립화 대상이다.

일본 국립천문대는 1999년에 하와이 마우나케아산 정상4,200m 에 광학 적외선망원경인 스바루 망원경[12]을 설치했다. 세계 최대의 단일 유리거울8.2m 로 만든 이 망원경은 고배율 관측이 가능해서 많은 천체 관측 성과를 내고 있으며 137억 광년 전 우리 우주를 탄생하게 한 빅뱅 직후의 천체를 관찰할 수 있다. 인류가 129억 광년 떨어진 카이버 벨트 천체를 발견할 수 있었던 것도 이 망원경 덕분이다.

그런데 잘 알려져 있지는 않지만, 스바루 망원경 곳곳에는 일본 소부장 기업의 기술이 녹아 있다.

쌀겨에서 살길을 찾아 신소재 기업으로

프레팍토는 1974년 대기업의 협력업체로 창업했다. 그런데 1999년

12 일본국립천문대가 망원경 건설을 준비하던 당시의 프로젝트명은 '대형 광학 적외선 망원경(Japan National Large Telescope)'이었다. 1991년 망원경의 명칭을 공모하여 접수된 3,500건의 의견 중에서 선택된 이름이 '스바루'이다.

스바루는 황소자리의 산개성단인 플레이아데스 성단의 일본 이름이다. 헤이안 시대의 유명 문학가인 세이쇼 나곤(清少納康, 966년경~1025년경)의 수필집 『마쿠라노소시枕草子』에는 '별은 스바루, 히코보시(북두칠성 중 알타이르별), 유우츠즈(금성)'라고 기록되어 있다(자료: 일본국립천문대). 서양에서 최초로 플레이아데스 성단을 언급한 것은 호메로스의 『오디세이』다.

발주처 실적이 부진해지며 경영위기를 겪다가, 하청에서 벗어날 방법을 고민하던 차에 쌀겨에서 길을 찾았다.

프레팍토의 본사가 있는 야마가타는 일본에서 쌀로 유명한 고장이다. 가을이면 탈곡하고 남은 쌀겨를 처리하는 게 문제였다. 프레팍토는 야마가타대학과 함께 남은 쌀겨를 활용해 RB세라믹이라는 신소재를 개발했다. 프레팍토는 가볍고 단단한데다 잘 미끄러지는 성질을 가진 이 소재로 윤활유가 필요 없는 베어링을 만들었다. 이 베어링이 반도체 제조장비에 쓰이면서 프레팍토는 경영위기를 극복하고 하청에서 벗어날 수 있었다.

한편 일본국립천문대는 스바루 망원경을 제작하면서 어려운 문제에 부딪혔다. 스바루 망원경의 적외선 분석장치는 매우 정밀한 조정이 필요하다. 오차율이 1천 분의 1㎜ 이하이며, 영하 196℃에서도 잘 작동해야 한다.

스바루 망원경의 핵심 부품은 앞뒤로 움직이는 베어링인데, 만족스러운 성능을 제공하는 업체를 찾지 못했다. 세계적인 베어링 업체들이 도전했으나 모두 실패했다. 그런데 이 같은 고민을 해결한 것이 프레팍토의 RB세라믹 베어링이였다. 프레팍토는 이 기술로 일본 중소기업청이 선정한 우수 중소기업에 선정되었으며, 일본 상공조합 중앙금고로부터 50%의 지분투자를 받아 중견기업으로 성장했다.

평면가공 기술을 특화하다

오카모토광학기공소는 1942년 육분의를 만들면서 광학 분야에 진출했다. 육분의는 선박이 먼 바다를 항해할 때 천체를 관측하여 선박의 위치를 가늠하는 장비다. 육분의에는 프리즘이 들어가는데, 프리즘이 얼마나 평평하게 잘 다듬어졌느냐에 따라 측정 정확도가 결정된다고 한다.

오카모토는 이 프리즘 가공 기술을 발전시켜 현재는 1m를 가공할 때 오차율이 0.1㎛1㎛=0.001㎜에 불과하다.

이후 평면가공이 중요한 TV전자관, 레이저 핵융합 분야로 사업영역을 확장했다. 오카모토의 평면가공 능력은 스바루 망원경의 보조거울 제작으로 꽃을 피웠으며, 현재는 종업원 66명의 평면가공 전문업체로 자리 잡았다.

거울 닦는 데 1년이나 걸린다고? 천체 렌즈 강자로

나가세인테그렉스는 연삭가공 장비업체다. 이 업체는 30년에 걸쳐 공작기계의 정밀도가 낮아지는 원인을 찾아 개선했다. 연삭가공 숫돌의 진동을 줄이기 위해 숫돌 주변에 물을 담는 포켓을 설치하는 등 노력한 끝에 계측·공구·공기·소재·장치·보조제·유지보수 등 정밀도

향상을 위한 핵심 8개 항목을 찾았다.

1억 분의 1㎜의 정확도로 연삭 가공하는 능력을 확보한 나가세의 장비는 천체 망원경을 만드는 데에서 빛을 발했다. 망원경 렌즈에는 거울과 같이 반짝이게 하는 경면가공이 필요하다. 기존에는 고운 파우더를 묻혀 문지르는 랩핑 공법을 사용했는데, 정밀도는 좋지만 이 방법은 완성하는 데 1년이나 걸렸다. 그러나 나가세의 초정밀 연삭장비는 동일한 정밀도를 유지하면서도 가공시간을 1개월로 줄여 랩핑 공법을 대체했다.

나가세는 2000년 히로시마천문대의 세계 최초 세라믹 렌즈 가공을 맡았고, 스바루 망원경의 세계 최대 30m급 거울 제작에 참여함으로써 세계 연삭반 장비업계에서 두각을 나타내고 있다.

★★★

이처럼 일본은 광학·소재·가공과 같이 강점을 지니고 있던 산업기술 분야와 천체관측 사업을 연계했다.

한편 한국은 최근 정보통신산업의 강점을 천체관측 연구에 접목하고 있는데, 한국천문연구원의 4채널 동시 관측 우주전파 시스템이 그 예이다. 이 시스템은 여러 대의 전파망원경을 연결하여 거대한 가상의 망원경을 구현하는데, 한국천문연구원이 세계 최초로 4채널 시스템을 개발했고, 2020년에는 광학의 본고장이라고 할 수 있는 이탈리아에 수출했다.

또 그간 다소 미흡했던 광학 분야에도 박차를 가하고 있다. 현재 한국천문연구원은 허블 우주망원경보다 10배 선명한 거대 마젤란 망원경 프로젝트에 참여하여 이 망원경의 반사거울 기술을 주도하고 있으며, 미국과 공동으로 고분산 분광기도 개발하고 있다.

3

비주류들: 혁신의 주체

인간의 역사를 일컬어 비주류가 주류가 되는 이야기라고도 할 수 있을 것이다. 즉, 정치는 여성, 유색인종, 노동자, 신흥국과 같이 소외된 이들이 남성, 백인, 자본가, 선진국 중심의 기존 체제에 이의를 제기하면서 발전했다. 또 인류사회는 외국인 노동자에 대한 홀대, 장애인에 대한 불편한 시선, 성소수자에 대한 냉소와 같은 소수자들에 대한 기존의 편견과 왜곡된 인식을 극복하고 포용하면서 발전해왔다.

소부장도 마찬가지다. 후발주자들의 반란, 괴짜들의 무모한 도전, 사양산업에서의 생존을 위한 모색, 망한 회사를 살리려는 필사적 노력이 없었다면 소부장의 혁신은 불가능했다.

소부장의 비주류들은 기존 주류들이 나태하게 현실에 안주하고 있을 때 신선함과 추진력, 활동성을 무기로 주류를 밀어내며 혁신을 이끌었다. 그리고 이런 비주류들이 주류와 함께 제조업의 한 축을 담

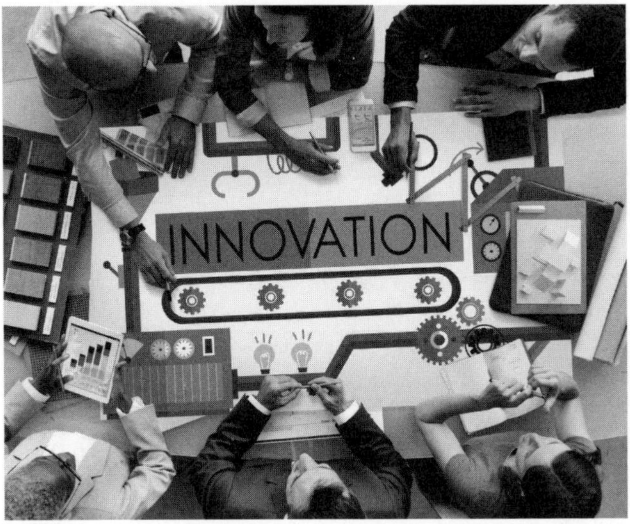

당하지 않았다면, 지금과 같이 깊고 넓은 소부장 생태계는 형성될 수 없었을 것이다. 이러한 과정을 거치며 고도성장기에 비주류에서 주류로 올라온 일본의 소부장 산업은 이제 다시 한국, 중국과 같은 후발 주자들의 거센 도전을 받고 있다.

그리고 한국의 소부장 산업도 일본의 선례를 참고하여 대기업이 아닌 중소기업, 주력산업이 아닌 신생산업, 업계의 1등이 아닌 꼴찌들에게서 혁신의 원동력을 찾을 수 있을 것이다.

후발주자에게는 두 가지 선택지가 있다.

첫 번째는 추격이다. 선발자가 개척해놓은 길을 따라가는 방법으로, 모방으로 시행착오를 줄일 수 있고 선발자가 놓치고 있었던 부분을 공략해 짧은 시간에 주류를 따라잡을 수 있다.

물론 단점도 있다. 확고한 브랜드 우위가 있는 1등을 넘어서는 것은 잘 따라 하는 것만으로는 어려운 일이다. 그러므로 아무리 잘해도 아류에 머물기 십상이다. 게다가 다른 후발주자들이 따라 들어오게 되면 경쟁은 더욱 치열해진다. 그래서 모방과 추격 전략은 필연적으로 레드오션을 불러온다.

두 번째 선택지는 차별화다. 전략경영의 대가인 마이클 포터는 전략을 '다름'이라고 말했다. 즉 경쟁을 위해서는 남들이 걷지 않는 길을 선택해야 한다는 것이다. 이는 완전히 다른 방식으로 새로움을 창조하는 것이며, 따라 하기보다는 우회하여 1등을 따돌리는 방법이다. 날개 없는 선풍기를 만든 다이슨, 유명 운동선수를 내세운 나이키와 달리 평범한 일반인들의 운동화를 내세운 뉴발란스 같은 기업들이 선택한 전략이기도 하다.

왜 차별화라는 위험을 선택할까?

그러나 차별화는 위험한 길이다. 큰 리스크를 감수해야 한다. 그래서 중소기업들이 선택하기 어려운 길이다.

그런데도 왜 어떤 중소기업들은 이렇게 어려운 차별화라는 길을 걷는 걸까?

기존의 연구들은 그 답으로 경영자의 결단이나 의지 등 자발성을 강조해왔다. 하지만 여기에서는 자기 의지와는 별개로 어쩔 수 없이 차별화를 할 수밖에 없었던 업체들을 살펴보려고 한다. '편한 길을 놔두고'가 아니라, '편한 길이 없어서 거칠고 험한 비포장도로'를 걸을 수밖에 없었던 후발주자들. 이러한 기업들의 이야기가 현실에 더 가깝다고 생각하기 때문이다.

비차非茶라는 설움을 딛고 일어선 아이야 이야기

일본의 아이치현에 있는 니시오시는 말차 산지다. 큰 강에서 내려온 토사가 쌓여, 토질이 차 재배에 적합하다. 화강석이 풍부해 말차를 가는 맷돌도 발달했다. 나고야라는 거대 소비시장을 배후에 두고 있어 말차 거래의 중심지가 되었다.

그러나 니시오의 말차는 인근 교토의 우지차에 비하면 비주류로 여겨진다. 반면 우지차는 시즈오카 녹차, 사이타마 사야마 차와 함께 일본 3대 차로 손꼽힌다. 맛도 좋지만 도요토미 히데요시의 차 선생이자 일본 다도茶道의 원류로 존경받는 센노 리큐의 자손들이 재배한다는 명성까지 얻고 있었다. 우지차를 '본차本茶'로, 나머지는 '비차非茶'라고 부를 정도로 음용차 시장에서 우지차의 경쟁력은 막강했다.

니시오의 아이야는 눈물을 머금고 익숙한 음용차 시장을 떠나 식품가공용 차 산업을 시작했다. 니시오의 말차 생산 노하우를 적극 활용하여 화강석 맷돌로 곱게 차를 가는 공정을 자동화했다. 그러면서도 천천히 곱게 분쇄하는 전통은 계승하여, 기계화 후에도 맷돌 한 대로 한 시간당 40㎎밖에 생산하지 못한다. 현재는 맷돌 대수를 1,200대까지 늘렸고 말차 장인 6명이 관리하고 있다.

식품에 들어가는 말차는 가공과정에서 열을 받으면 갈색으로 변색된다. 이는 말차 가공식품의 상품성을 떨어뜨리는 주된 원인이었다. 아이야는 전통을 지키되, 기술혁신도 게을리하지 않고 말차에 특수한 기름성분을 순식간에 입히는 기술을 개발해 변색 문제를 해결했다. 순녹색의 말차 크래커나 케이크의 일종인 바움쿠헨을 즐길 수 있는 것은 아이야의 혁신 덕분이다. 아이야는 식품가공용 말차 부문에서 세계시장 점유율 90%의 중견기업으로 성장했으며, 니시오의 말차는 '비차'라는 설움을 딛고 식품용으로 재탄생했다.

귀금속업체의 우회전략이 OLED 산업을 만났을 때

후루야금속은 1968년 귀금속 가공업체로 창업했다. 일본에서 귀금속 가공업은 역사가 오래된 업종이다. 사치품이기 때문에 아무나 할 수 없었고, 우리나라의 육의전처럼 나라의 승인을 받은 사람만이 할 수 있었다. 에도 시대에 막부로부터 특권을 받은 도쿠리쿠 본점이나 메이지 시대 환전상으로 시작한 다나카귀금속처럼 오래된 업체들이 귀금속시장을 장악하고 있었다. 전통적인 귀금속 분야에서는 경쟁이 어렵다고 생각한 후루야는 산업용 귀금속으로 방향을 틀었다. 귀금속을 녹이는 기술을 활용하여 이리듐이라는 특수금속 가공업을 시작한 것이다. 이리듐은 원자번호 77번의 희소금속이다. 녹는점이 2,454°C이며 산이나 알칼리에도 잘 녹지 않아 액화하려면 몇 주가 걸렸는데, 후루야는 이를 단 며칠로 단축시켰다.

이러한 후루야의 우회전략은 휴대폰과 OLED 산업이 성장하면서 빛을 발하게 되었다. 휴대폰의 전파 노이즈를 제거하는 필터의 원료로 이리듐이 사용되었고, 전기가 통하면 빛을 내는 OLED의 발광재도 고순도 이리듐 화합물로 만들기 때문이다.

현재 후루야는 산업용 이리듐 부문에서 세계시장 점유율의 90%를 차지하고 있으며 삼성전자, LG전자, 중국 최대의 디스플레이 업체인 BOE와 같은 글로벌 기업과 거래하는 강소기업으로 성장했다.

질긴 섬유만큼은 우리가 1등

1960년대 오카야마현의 쿠라시키 지역에는 섬유가공업이 번성했다. 메이다이는 1963년 쿠라시키에서 다른 업체가 버린 기계를 주워 와 섬유가공을 시작한 후발주자였다. 창업 초기에는 어쩔 수 없이 다른 업체들이 하기 싫어하는 소규모 발주를 받아서 했지만, 수요가 들쑥날쑥해서 경영이 불안했다. 일년 내내 할 수 있는 일은 없을까 고민하던 메이다이는 의류용 섬유에서는 결국 기존 업체들의 뒤치다꺼리밖에 할 수 없다는 것을 깨달았다. 그래서 누구도 관심을 두지 않았던 산업용 섬유로 눈을 돌려, 건축 현장에서 무거운 자재를 크레인으로 나를 때 자재를 묶는 벨트벨트슬링를 생산하기 시작했다.

이후 벨트슬링으로 자본을 축적한 메이다이는 질긴 소재 개발에 역량을 모았다. 등나무로 엮인 의자를 보고 4축 직조기 개발을 시작한 것이다. 기존 섬유는 씨줄과 날줄을 교차해서 천을 짜는 2축 직조 방식인데, 사선으로 두 개의 실을 더 넣는 4축 직조로 질긴 섬유를 만들기 위해서였다. 그러나 직조기 개발은 순탄치 않았고, 10년간의 투자에도 결국 1998년에 실패를 선언하고 사업을 접었다.

그런데 반전의 기회가 찾아왔다. 미국의 섬유업체가 4축 직조의 잠재력을 알아보고 우주왕복선의 보강재로 사용해보자고 제안해온 것이다. 연구를 재개한 메이다이는 결국 2003년 세계 최초로 4축 직물 테트라를 완성했다. 이 테트라는 현재 골프클럽, 테니스 라켓 등 스포츠용품의 손잡이를 감는 섬유로 널리 사용되고 있다.

★★★

남들과 다른 길을 걷는다고 해서 모두가 성공하는 것은 아니다. 하지만 우지차에 밀린 아이야는 말차의 변색을 막는 기술혁신을 이루었다. 후루야는 금속 액화에서만큼은 전통적인 귀금속업체들을 뛰어넘는 탁월한 기술을 개발했다. 또, 질긴 섬유를 생산하기 위한 20년간의 지난한 투자가 없었다면 메이다이의 성공은 있을 수 없었다. 이들은 경쟁에 밀려 어쩔 수 없이 다른 길을 걷게 되었지만, 혁신을 통해 1등에 밀리지 않는 자리를 차지할 수 있었다.

정부의 연구개발 사업들은 업계의 선두주자들을 타깃으로 설계된다. 우수업체 300개와 같이 피라미드의 상단에 위치한 업체들이 수혜자다. 결국 '잘하는 업체들이 더 잘하게' 지원하는 셈이다. 이런 상황에서 비주류들이 끼어들 틈은 상대적으로 작다.

그렇다면 반란을 꿈꾸는 비주류만을 위한 전용사업을 만들어보면 어떨까? 한국에도 지금은 비주류지만 아이야, 후루야, 메이다이와 같은 혁신을 일으킬 중소기업들이 많다.

자동차 배기가스 측정장치 부문에서 세계시장 점유율 1위인 호리바 제작소의 호리바 사장은 1970년대에 미국 캘리포니아에서 유학했다. 비행기를 좋아했던 그는 비행장 근처에 집을 얻고, 비행학교에 등록했다. 관제탑 스피커에서 흘러나오는 이착륙 안내 멘트를 외울 정도로 열심이었다고 한다.

그렇게 정해진 훈련을 모두 이수한 그가 교관과 함께 마지막 테스트 비행을 하게 되었다. 그런데 불행하게도 연료가 떨어져 불시착을 할 수밖에 없는 비상상황에 맞닥뜨렸다. 교관이 착륙지점을 안내했지만, 당시 조종간을 잡은 호리바 사장은 교관이 안내한 길이 위험하다고 생각하여, 교관의 지시를 따르지 않고 반대쪽으로 기수를 틀었고, 다행히 무사히 착륙했다. 교관의 지시를 따르지 않은 호리바 사장은 퇴학을 각오하고 짐을 쌌지만, 놀랍게도 조종 면허를 받고 무사히 졸업할 수 있었다.

그는 만일 일본이었다면 자신은 면허도 받지 못하고 당연히 퇴학당했을 것이라고 말한다. 새로운 시도를 장려하고 실패를 용인하는 미국과 그렇지 못한 일본의 문화 차이가 국가경쟁력의 격차로 이어진다는 이야기다. 일본의 소부장 혁신은 이러한 보수적인 문화 속에서도 굽히지 않고, 기존 질서에 이의를 제기하며 새로운 길을 찾고자 노력했던 사람들 덕분이다.

매수왕: 다카하시 다카미(미네베아 미츠미)

다카하시 다카미는 매수왕이다. 좋은 기술과 훌륭한 직원이 있으면서도 적자인 회사들을 싸게 사들였다. 1966년에 볼베어링 회사인 미네베아 미츠미의 사장으로 취임한 그는 1970년대에 연달아 10여 개의 회사를 인수합병했다. 미국의 베어링 대기업인 NHBB를 시작으로 신코통신공업측정기, 도쿄네지제작소나사, 신츄오공업방위산업, 오사카차륜제조차부품, 호쿠토음향스피커, 하타통신트랜스 등 인수 업종도 다양했다. 이러한 전방위적 인수합병 전략으로 종업원 55명, 매출 4천만 엔의 중소기업1956년 다카하시 입사 당시에 불과했던 미네베아는 중견기업으로 성장했다.

인수합병과 함께 공장의 해외 이전을 추진하던 1980년대, 다카하시는 고민에 빠졌다. 태국으로 공장을 이전하려고 하는데 태국에 가려는 기술자가 없었다. 도쿄에서 전용 헬기를 타고 본사로 이동하면서 무슨 방법이 없을까 고민하던 그의 눈에 산교정기제작소가 들어왔다. 매출 1천억 엔으로 볼베어링을 납품하고 있는 미네베아보다 더 큰 모터 전문 대기업이다. 기술력은 있지만 경영부진으로 당시에는 적자 상태를 기록하고 있었다.

다카하시는 작은 기업이 큰 기업을 인수하는 모험을 하기로 결심한다. 당사자 간 합의 없이 일방적으로 상대 회사의 경영권을 탈취하는, 일본 최초의 적대적 인수합병이었다.

미네베아는 1984년 여름, 산교의 전환사채를 사들였다. 주당 1,400엔, 1,400만 주로 산교 전체 주식의 19%였으며 이는 산교 사장이 보유한 10%보다 많았다. 산교에게 경영권을 넘겨줄 것을 요구했으나 거절당하자 다카하시는 적대적 인수합병을 추진하겠다고 언론에 공개했다. 이때 전혀 예상치 못한 일이 일어났다. 영국과 미국 업체가 미네베아에 적대적 인수합병을 선언한 것이다. 영미연합은 주당 150엔은 현금으로, 나머지 750엔은 합병 후 지불하는 조건으로 일반주주의 보유주식 23%를 사들였다. 그러나 미네베아는 방위성에 권총을 납품하고 있었고, 군수업체를 외국인이 인수하려면 일본 정부의 허가를 받아야 했기에, 인수 과정은 쉽게 이루어지지 않았다. 정부의 허가가 늦어지자 영미연합이 일반주주들에게 잔금을 지불해야 할 기한이 임박한 상황에서 결국 미네베아는 영미연합의 주식을 웃돈을 주고 사들이는 것으로 화해했다.

한편 영미연합 덕분에 산교는 방어할 시간을 벌었다. 거래처를 통해 주식을 사들여 우호지분을 확보했고 노조의 협력도 구했다. 그러나 다카하시는 포기하지 않았다. 지분 19%의 대주주로서 임원 파견을 요구하고, 산교가 거절하자 주주권한 침해로 손해배상 소송을 제기했다.

그러나 당시 일본에서 회사는 창업주와 동고동락한 근로자들의 것이라는 인식이 일반적이었고, 미네베아의 적대적 인수합병을 회사를 빼앗는 것으로 여겨, 일본 재계 여론은 다카하시에게 부정적으로 돌아섰다. 이후 1987년 위암으로 갑자기 은퇴를 선언한 다카하시는 1988년 산교 주식 전부를 매각했고, 이로써 일본 최초의 적대적 인수합병은 실패로 끝났다.

그러나 이후에도 미네베아의 인수합병은 계속되었다. 다카하시의 뒤를 이어 취임한 가이누마 사장은 게이오대학 법학부를 졸업하고 하버드대학 로스쿨을 나와 뉴욕 변호사를 거친 법률통으로, 2009년 취임 이후 17건의 인수합병을 성사시켰다. 미네베아는 2009년 2,500억 엔에서 2019년 7,500억 엔으로 매출이 크게 늘었고, 전 세계 26개국에 113개의 거점을 둔 글로벌 업체로 성장했다.

혁명아: 야마다 신지로(인쿠스)

야마다 신지로는 유능한 기술자였다. 그는 미쓰비시금속에서 미국 크라이슬러와 1천억 엔 납품 계약을 맺은 히트작이기도 한 자동차 도어락을 설계했다. 성과를 인정받은 그는 1989년 디트로이트 지사장으로 부임했다.

그런데 디트로이트 오토 팩토리 쇼에서 본 3D 프린팅 기술이 그의 인생을 바꿔놓았다. 그는 자신이 장인들과 2주씩 걸려 만들던 도어락 시제품을 하룻밤에 만들어내는 놀라운 3D 기술을 접하고, 일본 국내에 빨리 알리지 않으면 장인에 의존하는 일본은 망할 수밖에 없겠다고 생각했다. 결국 그는 1990년에 지사장직을 버리고 일본으로 돌아와 일본 최초의 3D 시제품 제작업체 인쿠스를 창업했다. 그는 로봇 6대, 절삭장비 14대, 와이어 가공기 4대로 24시간 무인공장을 세웠는데, 본사에서 발주를 하면 실시간으로 휴대폰 금형 시제품을 제작하는 시스템이다. 제조업의 원점이라는 뜻에서 '팩토리 제로0' 라는 이름을 붙인 이 공장을 시작으로 인쿠스는 승승장구했다.

한 대기업 임원은 "우리가 졌다. 대기업이 못한 혁신을 신생기업이 해냈다. 이제는 동남아로 공장을 옮기지 않아도 된다"라고 평가했고, 야마다는 '일본 제조업의 혁명아'라는 별명을 얻었다.

인쿠스는 1990년 창업 이래 17년간 흑자를 기록하며 2006년에는 일본 비즈니스의 핵심인 신마루노우치 빌딩으로 본사를 이전하고 2007년에는 매출액 180억 엔, 종업원 1,400명의 대기업으로 성장했다.

그런데 갑자기 불행이 닥쳐왔다. 2008년 닥친 금융위기로 가장 큰 수요업체였던 애플이 대량 주문을 취소하자, 공장 확장과 본사 이전을 위해 끌어들인 채무를 상환하지 못해 파산한 것이다. 이후 인쿠스 직원들은 흩어져 신생 벤처들을 창업했고, 야마다 역시 식물공장 CEO로 재기에 나섰다.

발명왕: 다케우치 히로시(신코셀빅)

플라스틱 부품은 점점 작아지는데 플라스틱 사출 성형기는 왜 점점 커질까?

사출 성형기는 플라스틱을 녹인 수지를 틀에 밀어 넣어 플라스틱 부품을 만드는 기계다. 수지를 밀어 넣는 스크루, 수지가 딱딱해지지 않도록 하는 핫러너, 공정속도를 조절하는 감속기와 같은 부품으로 구성되어 있다. 그런데 부품업체들이 각자 자기 영역을 지키려고 부분적 효율화만 추구한 결과, 장비가 점점 비대해져 최대 30m까지 커졌다. 여기에 의문을 가졌던 다케우치는 17년간 초소형 사출 성형기를 개발했다. 점점 길어졌던 스크루를 평면으로 만들고, 히터 성능을 조정하고 크기를 줄였다. 생산제품이 바뀔 때마다 교체해야 했던 핫러너는 표준화했다. 이렇게 필요한 만큼의 성능만 갖춘 부품을 장착하니 크기가 획기적으로 줄어, 기존 장비의 20분의 1 크기가 되었다. 탁상 위에 올릴 수 있을 정도로 작다. 장비가 작아지면 공장도 작아진다. 공간도 절약하고 전력량도 줄어들어, 가격도 10분의 1로

낮출 수 있었다. 기존 부품 메이커들의 기득권을 깨뜨린 결과였다.

다케우치는 이 탁상 사출기로 '금형계의 에디슨'이라는 별명을 얻었고, 공로를 인정받아 제1회 일본 제조업 대상을 받았다.

그러나 탁상 사출기는 혈관 확장 스텐트와 같은 정밀 플라스틱 부품 생산에 제한적으로 활용되고 있으며 아직도 현장에서는 기존 장비를 사용하고 있다.

★★★

지금까지 소개한 세 명의 반란은 성공했다고 말하기는 어렵다. 다카하시의 적대적 인수합병은 실패했다. 야마다의 3D 프린팅 공장은 파산했고 다케우치의 탁상형 사출성형 장비는 아직도 대세가 되지 못했다.

그러나 그들의 노력이 헛된 것은 아니다. 다카하시의 인수합병 시도는 가이누마 사장에게로 이어졌다. 야마다는 파산했지만 인쿠스 출신들은 잇따라 혁신적 창업을 이어가고 있다. 다케우치의 시도는 부분적 효율화만을 추구하는 일본 업계에 경종을 울렸다. 이들 '매수왕', '혁명아', '발명왕'과 같은 사람들이 주류로 자리 잡는다면 소부장의 혁신은 가능하다.

괴짜들

괴짜들이 세상을 바꾼다는 말을 들어보았는가?

아인슈타인, 스티브 잡스, 일론 머스크와 같은 혁신가들은 한때 괴짜라고 놀림받던 사람들이다. 페덱스의 창업자이자 대표인 프레드릭 스미스의 비행기 화물운송, 킹 질레트의 면도기는 지금은 당연한 것이지만, 당시에는 괴짜 같은 생각으로 여겨졌다. 저가 항공업계의 전설 사우스웨스트의 허브 켈러허 회장은 경쟁사에 팔씨름으로 승부를 내자고 제안했고, 버진콜라의 리처드 브랜슨 회장은 탱크를 몰고 코카콜라 전광판에 대포를 쏘아버리기도 했다. 이처럼 기행奇行을 일삼는 경영자들은 얼핏 엉뚱해 보이지만, 통념을 깨고 변화를 만들어내며 혁신을 이끌었다.

100만 분의 1g 기어를 만든 주켄공업

플라스틱 사출성형업체, 주켄의 마츠우라 사장은 선착순으로 직원을 뽑는다. 누구든 빨리 온 사람을 채용한다. 그래서 주켄에는 공고를 나온 폭주족, 피어싱을 한 여고 중퇴생 등 다양한 출신과 배경의 직원들이 많다. 그래도 괜찮을까? 그러나 마츠우라 사장은 일할 분위기만 만들어주면 직원들은 시키지 않아도 스스로 할 일을 찾아서 한다는 믿음을 가지고 있었다.

주켄은 정년도 없다. 아버지가 퇴직하면 아들이 입사해 아버지의 뒤를 잇는 세습도 이루어진다. 불필요한 사내경쟁은 시키지 않으며, 개인평가도 하지 않지만 팀워크는 중시한다. 급여는 연공서열순이다.

창업 초기 마츠우라 사장은 전시회에 어떤 상품을 들고 갈지 고민했다. 그러다 사출성형 기술로 세상에서 가장 작은 기어를 만들어 사람들을 깜짝 놀라게 해보자고 생각하고 1만 분의 1g짜리 기어를 만들었다. 그런데 관람객들의 반응은 미지근했다.

'그럼, 더 작게 만들어주지.'

6년 후 주켄은 10만 분의 1g짜리 기어를 만들었다. 이번에는 반응이 왔다. 자동차부품 대기업 덴소, 스위스의 유명 시계 브랜드 스워치 등에서 주문이 들어왔다.

'더 작게 가볼까? 100만 분의 5g은 어떨까?'

그러자 직원들이 반대했다. "내친 김에 100만 분의 1g으로 하죠."

'세계에서 가장 작은 기어'라는 목표가 생기니 누가 시키지 않아도 직원들은 새벽부터 나와 일했고, 서로 도우며 개발에 전념했다.

그 결과 드디어 100만 분의 1g 기어를 만들어냈다. 지름 0.147㎜로, 담배갑만 한 케이스에 2만 개가 들어갈 수 있다. 너무 작아서 밀가루

처럼 보일 정도인데, 개발비로 2억 엔이 들었고 아쉽게도 너무 작아 용도를 찾지 못했다.

하지만 주켄이 손해를 본 건 아니다. 100만 분의 1g 기어를 만들며 금형, 성형, 장비 등 각 부문에서 기업 역량이 몰라보게 향상되었고, 직원들 역시 크게 성장했다. 세상에서 가장 작은 기어를 만든 회사로 소문이 나자 교수들도 현장연수를 하러 왔다. 폭주족 출신 직원이 강의를 맡아 교수님들을 가르치는 진풍경이 펼쳐졌다.

괴짜들의 집합소: 미타카광기

1966년 일본국립천문대의 천체망원경 수리업자가 세운 미타카는 독특한 채용시험으로 유명하다. 총 세 가지 시험을 보는데, 바로 전구 데생, 종이비행기 만들기, 구운 생선 먹기이다.

데생은 관찰력을, 비행기 만들기는 손재주를, 생선가시를 발라 먹는 모습으로는 심성을 각각 평가한다고 한다. 뽑는 사장도, 이상한 시험에 응시한 지원자들도 모두 괴짜라고 할 수밖에 없다.

그런데 이런 괴짜들이 모여 어려운 문제들을 창의적으로 해결했다. 전 세계의 우수한 두뇌들이 집합한 NASA가 해결하지 못한 문제를 풀어낸 것이다. 1983년 NASA는 콜롬비아호에 탑재할 오로라 관측용 특수카메라를 만들고 있었다. 이 카메라는 영하 50°C와 영상

50°C를 오가는 극한 환경에서 사용되는데, 온도 변화에 따라 부품이 팽창하거나 수축하면서 카메라 정밀도가 낮아지는 문제가 발생했다. NASA는 일본 대기업들에 문제 해결을 의뢰했다. 이들은 히터와 냉각기를 붙여 온도를 유지하는 방법을 제안했지만, 이 방법은 무게도 늘어나고 전력 소모도 많았다.

소식을 들은 미타카는 참신한 아이디어를 냈다. 부품 모양을 원추형으로 바꾸면 어떨까? 원추형이라면 온도가 높아져 부품이 부풀거나 온도가 낮아져 쪼그라들어도 중심축은 동일하다. 카메라 정밀도에 전혀 영향이 없다. NASA는 일본 대기업의 대안 대신 미타카의 방식을 채택했다.

미타카는 여기서 그치지 않고 반도체 업계의 고민도 해결했다.

반도체 산업 초기에는 반도체 제품의 최종검사를 수작업으로 진행했다. 그런데 반도체 생산량이 늘어나면서 수작업으로는 감당하기 어려워졌다. 자동으로 반도체의 결함 여부를 가려낼 방법이 필요했다.

미타카는 천문대에서 새로운 별을 찾는 방식을 응용하여 해결책을 찾았다. 새로운 별을 찾아낼 때는 수년 전에 찍은 밤하늘 사진과 최근 사진을 고속으로 스크린에 교차시킨다. 예전에 없던 새로운 별이 있으면 필름이 교차할 때 그 자리가 반짝인다. 여기에서 착안해 같은 방식으로 회로 필름과 생산된 반도체를 고속으로 교차시켜보았더니 회로에 불량이 있는 반도체는 빛이 반짝여서 불량품을 가려낼 수 있었다.

풀어놓은 닭처럼 활기차게: 스미다광학글라스

광학유리 업체인 스미다광학글라스의 사풍을 한마디로 요약하면 '자유'다. 취미처럼 일하고 일하는 것처럼 노는 회사다. 관리는 최소화한다. 연구개발 비용은 상한을 정하지 않고, 실패해도 책임을 묻지 않는다. 스미다는 '광학계의 페라리'가 목표다. 페라리는 1년에 자동차를 9천 대만 만드는 것으로 유명하다. 규모를 늘리지 않고 유능한 엔지니어들이 재미있게 일한다.

스미다는 마스코트와 사옥에도 이러한 경영철학을 담았다. 스미다의 마스코트는 나제타로라는 닭인데, 마당에 풀어 키우는 닭과 같이 자유롭고 활기차게 일하자는 의미라고 한다. 1993년에 40주년 기념으로 다시 지은 사옥에도 마스코트인 닭을 형상화했다. 피뢰침에는 닭 벼슬, 현관에는 닭 발자국을 디자인했다.

자유로운 사풍은 성과로 이어졌다. 스미다는 주력제품인 광파이버를 한 달에 50만 ㎞ 생산한다. 이는 지구를 12바퀴 감는 거리다. 광파이버는 석영 등 희토류 15종류를 배합하여 만드는데, 고객 맞춤형 대응이 필수다. 즉 굴절률이 큰 제품을 원하면 아연을 더 넣고 가벼운 제품을 원하면 봉산을 더 넣는 식이다. 자유로운 분위기에서 능동적으로 일하는 직원들 덕분에 스미다는 업계에서 가장 빨리 고객이 원하는 광파이버를 공급하고 있다.

스미다는 남들이 포기한 일을 맡아 해결하는 해결사이기도 하다. 파나소닉은 디지털 카메라를 작게 만들기 위해 렌즈 사이즈를 줄이고 싶었다. 많은 업체들이 도전했으나 실패한 이 문제를 스미다는 비구면렌즈를 만들어 해결했다. 구면렌즈는 가운데서 들어오는 빛과 옆에서 들어오는 빛의 초점이 달라서 여러 렌즈를 겹쳐서 초점을 맞추어야 하지만, 비구면렌즈는 하나로 가능하다. 스미다의 얇고 가볍고 싼 비구면렌즈는 디지털 카메라에 널리 쓰이게 되었다.

★★★

괴짜라는 점 이외에 주켄, 미타카, 스미다의 공통점은 무엇일까? 사장이 일일이 간섭하고 관리하기보다 직원들에게 도전하고 싶은 높은 목표를 제시하고, 믿고 맡기는 것이 아닐까?

이러한 임무 중심의 조직관리는 역사적으로 검증된 방식이기도 하다. 유럽을 평정한 나폴레옹 군대와 전격전의 창시자로 불리는 하인츠 구데리안의 독일군을 예로 들어보자. 나폴레옹 이전의 군대는 부대를 소규모 단위로 나누는 법이 없었다. 병력을 나누면 힘이 분산

되고 통제가 어렵다고 믿었기 때문이다. 하지만 나폴레옹은 관행을 깨고 군대를 기병대, 포병대, 보병대 등 3만여 명의 군단으로 나누어 명확한 역할을 부여했다. 그리고 전투는 철저히 현장 지휘관에게 맡겼다.

롬멜의 상관인 구데리안도 마찬가지다. 구데리안은 전차로 적진을 돌파하여 대열을 둘로 나누고, 분열된 적을 보병부대가 섬멸하는 전격전을 구사했다. 통신수단이 부족했던 시대이기에, 작전의 성공은 전차장들이 현장에서 스스로 판단하고 행동할 줄 아느냐에 달려 있었다.

폴란드 국경에 다다른 구데리안 전차부대는 강물에 길이 막혔다. 강 건너편에는 폴란드 부대가 진지를 치고 있을 것으로 예상되었다. 기다리라는 명령이 떨어졌다.

그때 선두에 선 전차 한 대가 전선을 이탈하여 본부로 달려왔다. 헐레벌떡 뛰어온 전차장은 강 건너에 폴란드군이 하나도 없다는 것을 알렸고, 독일군은 단숨에 국경을 넘어 승리했다. 대기 명령을 어기고 전선을 이탈하면 군법에 따라 사형도 가능한 상황에서, 스스로 생각하고 움직인 전차장 덕분이었다.

괴짜 짓도 사람에 대한 믿음이 있어야 가능하다. 그리고 믿고 맡기면 혁신은 따라온다. 조직을 책임지는 자리에 선 이들이라면 무겁게 받아들여야 할 교훈이다.

비주류업종의 생존자들 1 _섬유

일본의 섬유산업은 성숙산업이다. 2차 세계대전 패전 이후 섬유산업은 일본 경제의 부흥을 견인했다. 그러나 미일 섬유협상1970~1972년, 오일쇼크1973년, 1979년, 플라자합의1985년 등 세 번의 충격을 거치며 1980년대 이후로는 내리막길을 걸었다.

통계를 살펴보자. 2017년 기준 일본의 섬유업체 수는 1만 1천 개이며, 종업원 수는 21만 4천 명, 생산액은 3조 2천억 엔이다. 이는 일본 섬유산업이 최고조였던 1991년에 비해 4분의 1 수준으로 줄어든 수치다1991년 업체 수 5만 5천 개, 생산액 11조 엔, 일본 경제산업성. 일본의 섬유시장은 전체 시장규모는 줄고1990년 14.7조 엔, 2017년 10조 엔, 수입의류는 늘어나고의류시장 수입품 점유율, 2018년 87.7%, 판매단가가 내려가는의류 구입 및 수입단가 1991년 대비 60% 수준 사양산업의 패턴을 보여준다.

섬유산업의 공급사슬Supply Chain은 원사상류, 원사가공, 편직조, 염색가공중류, 봉제, 의류, 유통하류으로 이어진다. 일본 섬유산업의 상류는 대기업이 중심이며 탄소섬유 등 특수섬유에 특화하여 경쟁력을 갖추었다. 중류는 종업원 9명 이하의 영세기업이 80%로, 가격경쟁력에 밀려 신흥국에 자리를 내주었다. 하류는 유니클로와 같은 일부 패스트 리테일Fast Retail 대기업이 있으나 중소기업은 설 자리를 잃었다.

그러나 중하류의 모든 중소기업들이 사라진 것은 아니다. 내리막 상황에서도 새로운 길을 개척한 섬유산업 생존자들이 있다.

중동 남성복을 책임진다

동해를 바라보고 있는 이시카와현에는 2,000m급 산들이 늘어서 있다. 수자원이 풍부해 무로마치 막부 시대부터 비단 염색업이 발달했다. 코마츠머티리얼은 이시카와현의 정련업체로 출발했다. 정련은 섬유의 잡물을 빼는 염색 준비공정이다.

코마츠는 회사명을 세 번 바꾸었다. 첫 번째는 '코마츠직물정련염공'이다. 이시카와현 염색업자들이 1944년에 세운 공장으로, 도레이의 나일론 염색가공을 수탁 처리하는 하도급 업체였다. 두 번째는 '코마츠정련'이다. 1961년 수탁가공업에서 한 발 더 나아가 섬유를 직접 사서 염색가공을 한 다음에 판매했다. 하도급에서 벗어난 것이다. 세 번째는 '코마츠머티리얼'이다. 의류뿐만 아니라 카시트, 구두, 커튼, 가방, 건자재 등 다양한 분야로 비즈니스를 확장했다.

코마츠는 틈새시장을 공략하여 중동 남성의 민족의상 칸도라에 진출했다. 칸도라는 흰색의 단일 색상이고 디자인도 대동소이하다. 그래서 '토브'라고 부르는 옷감이 매우 중요하다. 중동의 부유층은 토브의 질에 민감하다고 한다. 코마츠는 염색정련 노하우를 살려 광택감, 터치감 등이 각기 다른 50여 종의 순백색 토브를 생산하며 이러한 다양성을 무기로 중동 고급 토브 시장의 50%를 장악했다.

천사의 날개옷

원사로 직물을 만드는 것을 '편직조'라고 한다. 1965년에 창업한 평범한 편직조 업체인 아마이케 합섬은 한 대기업의 의뢰를 받으며 큰 변화를 겪었다.

데닐은 실의 두께를 표시하는 단위로, 보통의 옷감은 20데닐이다. 그런데 한 대기업이 2001년에 7데닐 실을 개발했다. 7데닐은 머리카락의 5분의 1 굵기에 해당한다. 이 대기업은 7데닐 실로 직물을 만들어 플라스마 TV 필터를 만들고 싶었다. 그러나 7데닐 실은 너무 가늘었다. 많은 편직조 업체들이 도전했으나 실패했고, 아마이케도 고전했다. 기존 직조기에 넣으면 실이 끊어졌기에, 아마이케는 기존 직조기를 포기하고 새로운 직조기를 만들어 직물을 짜냈다.

하지만 성공의 기쁨도 잠시, 직조를 의뢰한 대기업이 도산하여 경영권이 다른 업체로 넘어갔다. 엎친 데 덮친 격으로 플라스마 TV의 가격도 하락했고, 대기업은 7데닐 직물의 납품단가 인하까지 요구했다. 7데닐 설비투자를 위해 은행 대출까지 받은 아마이케는 파산 직전까지 몰렸다. 결국 대기업 납품을 포기하고 직접 판매에 나섰지만, 비단에 육박하는 높은 가격이 문제였다.

그래서 브랜드를 만들기로 결심하고, 세상에서 가장 얇고 가벼운 옷감이라는 의미에서 '천사의 날개옷天女の羽衣'이라는 브랜드를 만들어 이탈리아 유명 전시회에도 출전했다. 다행히 브랜드화가 적중하여 명품 의류 브랜드로부터 주문이 쇄도하기 시작했다. 웨딩복, 스카프용 고급 천으로 알려진 아마이케는 일본 국내 백화점에 입점하는 등 고급 섬유업체로 자리 잡았고, 5데닐까지 직조할 수 있는, 세계에서 가장 가는 실을 다룰 줄 아는 유일한 기업이 되었다.

원단 종류만 1,677만 종: 세이렌

세이렌도 코마츠와 같은 염색가공 수탁업체로, 원청으로부터 직물을 가져다 염색해서 납품하면 수수료를 받는 하도급 업체였다. 그런데 원청이 도산하면서 기회가 찾아왔고, 세이렌은 원청을 인수해서 원사, 직조, 염색가공, 봉제까지 상중하류를 모두 포괄하는 일괄 생산체제를 구축했다.

동시에 탈의류를 추진해 자동차용 시트 소재가 가죽에서 섬유로 바뀔 때 자동차시장에 진입했다. 또 인공혈관, 우주항공 같은 특수섬유 분야에도 도전하여 로켓을 발사할 때 폭발음으로부터 인공위성을 보호하는 데 쓰이는 위성로켓 방음블랭킷을 일본우주항공국에 납품했다.

세이렌은 정보화에도 앞장섰다. 후쿠이현 본사를 무인화해서 직원 3명이 프린트 200대를 운영하고 있다. 도쿄에서 원단 색깔과 디자인을 주문하면 무인공장에서 제작하여 배송하는데, 1,677만 종류의 원단 색상을 선택할 수 있다. 지금은 많은 기업들이 비슷한 서비스를 제공하지만, 2000년에는 획기적인 시스템이었다. 이처럼 세이렌은 무인화와 가상주문으로 다른 업체들이 해외로 공장을 옮길 때 해외로 나갔던 공장을 오히려 국내로 돌아오게 했다.

★★★

현재는 한국의 섬유산업도 일본과 같이 어려운 상황이다. 섬유산업은 한국의 경제성장을 이끈 주역이었다. 1970년대에는 전체 수출의 54%1971년, 제조업 생산의 22%1973년를 차지했고, 고용의 36%1977년, 업체 수의 27%1977년를 담당하는 주력산업이었다.

그러나 2017년 현재 섬유산업은 전체 수출의 2.4%, 제조업 생산의 2.6%로 비중이 줄었다. 섬유패션 분야 기업은 4만 8천 개이지만 10인 미만 영세기업이 88%로 대다수이며, 영업이익률은 3.8%로 제조업 평균 7.6%를 밑돌고 있다.

2019년 산업통상자원부는 코마츠, 아마이케, 세이렌의 생존전략과 맥을 같이하는 섬유패션 활력제고 방안을 발표하며 산업 부흥의 열쇠로 '스피드팩토어Speed Factore'를 제시했다. 팩토어Factore는 '팩토리Factory·공장'와 '스토어Store·상점'의 합성어로, 스피드팩토어는 매장에서 소비자 주문을 받아 맞춤형 의류를 만들어낼 수 있는 환경을 구축하는 것이다. 생산과정을 최적화하는 기존의 '스마트팩토리'보다 한 단계 더 나아간 개념이다.

산자부는 스피드팩토어 확산을 위해 핵심기술 개발 및 시범사업을 지원하고, 국방·안전·수송 등의 분야에서 첨단 섬유신소재 공공수요를 창출할 계획이다. 중하류의 봉제공장은 로봇과 정보통신기술ICT을 활용해 공정을 자동화하고 기획-생산-납품 단계를 통합 관리하는 시스템을 만들며, 인력난을 겪고 있는 염색공장은 전 공정에 자동화 생산라인을 구축할 예정이다. 이 계획이 착실히 이행되어 우리의 섬유산업이 1970년대의 영광을 재현하길 기대한다.

일본의 스프링 공업은 역사가 길다. 16세기 포르투갈에서 전해진 조총을 자체 제작하면서 방아쇠용 스프링을 만들었고, 18세기에는 태엽과 스프링을 사용한 인형극이 인기였다. 메이지 시대에 인력거가 널리 보급되고, 노면 충격 흡수를 위한 판 스프링 수요가 늘어나면서 대장장이들이 만들던 여러 금속제품 중 하나였던 스프링을 전문으로 취급하는 업체가 생겨났다.

복원력, 에너지 축적 및 방출, 진동과 같은 특징을 지닌 스프링은 다양한 산업과 함께 성장했다. 2차 세계대전 중에는 군수용 스프링 수요가 늘어났다. 고도성장기를 거치며 자동차 산업을 중심으로 스프링 공업이 발전했다. 자동차 한 대에는 약 4천 개의 스프링이 들어가며 종류도 다양하다. 서스펜션에는 판 스프링, 엔진밸브 제어에는 뚜껑 스프링, 클러치에는 코일 스프링, 시트에는 리턴 스프링을 사용한다.

첨단산업인 우주항공 분야에도 스프링의 쓰임새가 적지 않다. 우주왕복선은 국제우주정거장에 도킹한 후 지구로 귀환할 때 스프링의 힘으로 스테이션에서 분리한다. 로켓은 대기권에 진입하면 스프링의 힘으로 덮개를 좌우로 펼쳐 탑재한 인공위성을 분리시킨다.

이렇게 긴 역사를 가지고 있으며 다양한 산업에 널리 쓰이는 스프링 공업은 일본의 잃어버린 20년과 함께 쇠락의 길을 걷게 된다. 총생산액은 10여 년간 답보 상태1998년 4,800억 엔, 2014년 5,100억 엔이지만 업체 수는 절반 가까이 줄었으며1998년 888개, 2014년 548개, 남은 업체들도 종업원 수 10명 미만의 영세업체210개가 대부분38%이다. 하지만 그중에는 쇠락의 와중에도 살아남은 스프링 업체들이 있다. 이들이 신흥국과의 경쟁압력을 어떻게 버텨내고 그야말로 스프링처럼 튀어 올랐는지 알아보자.

소형 정밀 스프링의 강자: 코마츠스프링공업

코마츠스프링의 코마츠 사장은 큰아버지가 돌아가시면서 갑자기 회사를 물려받아 뒤를 잇게 되었다. 경영에 대해 전혀 몰랐던 그녀는 어지럽혀진 사내 청소부터 시작하여 세미나를 들으며 독학했고, 강의를 듣고 사업계획서를 써 고객들을 일일이 찾아다니는 등 부지런히 회사의 재건을 추진했다.

스프링 공정은 롤러로 선재를 만들고, 스프링 모양으로 구부리고, 완성된 스프링을 자르는 3단계로 이루어져 있다. 코마츠는 머리카락보다 더 가는 0.02㎜에서 2.0㎜ 정도의 소형 정밀 스프링에 특화했다. 스프링의 크기가 작으면 도면상 수치와 실제 스프링 간에 허용하는 오차 범위인 공차도 작아지는데, 코마츠는 현미경을 보면서 기존 장비를 개량하여 소형 정밀 스프링 제조장비를 만들었고, 이 분야의 전문업체로 자리 잡을 수 있었다.

특수 스프링으로 카메라, 리모컨, 내시경까지

미크로발조스프링은 일본 제조업의 변화에 적응해왔다. 1954년에 창업한 이 업체는 카메라용 스프링을 생산하며 올림푸스와 같은 일본 카메라 업체들과 함께 성장했다. 필름 카메라 한 대에 셔터용 등 스프링 100여 개가 필요한 시절이었다. 1970년대에는 스프링 제조공정을 기계화하여 일본 최초로 스프링 제조장비에 수치제어장치를 접목했다. 리모컨용 스프링 수요가 많아진 1980년대에는 전자산업에서 새로운 수요를 찾았다. 리모컨 회로기판 설계에 따라 다양한 스프링이 필요했는데, 1970년대부터 축적한 자동화 설비기술로 다른 회사보다 유연하게 대응할 수 있었던 것이다.

1990년대에 들어서면서 현재의 주력제품인 칩스프링을 개발했다. 이것은 볼펜심에 들어가는 스프링으로, 우리 눈에는 보이지 않지만 볼펜의 구슬을 안쪽에서 지탱하면서 잉크가 새는 것을 막는 역할을 한다. 지름 0.5㎜ 크기의 볼을 5분의 1 크기인 0.1㎜의 칩스프링이 지탱한다. 한 달에 수천만 개의 칩스프링을 생산하는 미크로의 세계시장 점유율은 50%로, 우리가 사용하는 볼펜 2자루 중 1자루에 미크로의 칩스프링이 들어 있다.

미크로는 0.4㎜의 심장혈관보다 작은 0.35㎜의 심장혈관 내시경용 스프링을 개발하는 등 계속해서 스프링의 새로운 영역을 개척하고 있다.

대형 스프링, 30년간의 주문 이력 관리

높이 634m의 도쿄 스카이트리는 세계에서 제일 높은 지상파 방송탑으로 기네스북에 등재되어 있다. 이 탑의 630m 지점에는 지진과 강풍으로부터 탑을 보호하기 위한 제진장치 2대가 설치되어 있고 이 제진장치에는 4개의 스프링이 들어 있는데, 스프링 하나의 지름이 60㎝, 높이는 120㎝, 중량은 800kg에 달한다.

이 대형 스프링을 제작한 업체가 도카이스프링이다. 도카이는 1983년에 창업한 후발주자로, 기존 업체와 경쟁하기보다는 특수 스프링 제작에 나섰다. 당시 스프링 수요의 85%는 자동차와 가전제품 분야였는데, 도카이는 원전 안전뚜껑, 선박기관용 스프링 등 나머지 15% 시장에 주목했고, 이 중에서도 큰 스프링에 특화한 것이다. 최대 지름 90㎝의 스프링까지 만들 수 있으며, 대형 스프링은 일본 스프링 공업회가 인정한 스프링 장인 17명이 하나씩 직접 만든다일본 스프링 장인은 전체 56명.

대기업이 자동차 생산계획 등에 따라 연간 단위로 발주를 하는 범용 스프링과는 달리, 특수 스프링은 필요할 때 필요한 양만큼 주문하는 다품종 소량 시장이다. 1회 평균 주문량은 5개 정도이며 빈티지 지포 라이터용 스프링 1개를 주문해도 받아준다.

도카이는 이런 소량주문에 신속히 대응하기 위해 재료관리를 잘하는 업체로 알려져 있다. 특수 스프링의 재료는 2,500가지에 이르는데, 동Copper의 경우 일반적으로 쓰이는 전기동뿐만 아니라 인코넬 다이스 합금과 같은 특수재료를 사용한다. 이런 특수재료는 주문하면 납품까지 수개월이 걸리기도 하지만, 도카이는 과거 주문 및 생산 이력 정보를 활용하여 주문 즉시 제작이 가능하다. 30년간 주문이력 관리를 해왔기에, 10년 전에 주문했던 스프링을 다시 주문해도 그 자리에서 납기일과 단가를 산출해줄 수 있는 것이다. 이런 시스템으로 900여 개의 거래처와 100%의 재주문율을 자랑하고 있다.

★★★

3장에서 상세히 설명하겠지만, 생존한 소부장 기업들의 공통분모는 차별화이다. 코마츠와 같이 남보다 작게, 또는 도카이와 같이 크게, 미크로발조와 같이 특별하게 하지 않으면 경쟁에서 살아남을 수 없다. 변화 역시 생존을 위한 필수 과제다. 가만히 있거나 남보다 느리면 도태되는 것은 시간문제다. 카메라 → 리모컨 → 볼펜 → 내시경까지 끊임없이 적응해온 미크로와 같이, 소부장 기업들은 한 우물을 파되 변화를 멈추지 않아야 한다.

소부장 산업은 최초, 최고, 거대, 첨단 등 극한을 추구하지만 농어업, 식품가공 등 전통적인 1차산업과 연관 제조업에서도 얼마든지 발전의 잠재력을 찾을 수 있다.

일본 식품산업2017년 기준은 전체 산업생산992조 엔의 10%99조 엔, 업체 수386만 개의 20%77만 개, 종업원 수6,530만 명의 13%828만 명를 차지한다. 이 중 식품 제조업은 외식업업체 수 47만 개, 고용 333만 명과 함께 식품산업의 한 축을 담당하고 있다. 식품 제조업체는 4만 4천 개이며 업체 수는 많지 않으나 생산37.7조 엔과 고용134만 명 측면에서는 큰 역할을 하고 있으며, 글로벌 수준의 경쟁력 있는 기업도 적지 않다.

『푸드 엔지니어링』의 '100대 식음료회사'2016년에 따르면 세계 100대 식품 제조업체에 속하는 기업은 미국이 21개로 가장 많고, 일본이 7개로 뒤를 잇고 있다중국은 2개, 한국은 없음. 산토리홀딩스17위, 아사히홀딩스21위, 기린홀딩스24위와 같은 음료업체와 함께 일본햄32위, 메이지39위, 야마자키제빵45위, 마루하니치로홀딩스48위와 같은 식료품 업체들이 순위에 이름을 올렸다.

식품 기계 및 장치 제조업이하 식품장비도 식품 제조업계의 경쟁력을 뒷받침해왔다. 경제산업성의 통계에 따르면 일본의 식품장비

업체는 749개2016년, 4인 이상로 출하액은 3,832억 엔, 종업원 수는 1만 6,185명2013년이다. 식품 제조업 전체와 비교하면 작은 업종이지만 개별 기업들의 면면을 살펴보면 무시할 수 없는 경쟁력을 갖추고 있다.

1946년 일본의 밀가루 주산지인 군마현에서 창업한 후지제작소는 즉석면 일관제조라인으로 세계시장의 50%를 점유하고 있으며, 삿포로이치방, 산요식품, 히가시마루타누키 우동, 마루카식품야키소바과 같은 일본 라면업체들과 함께 성장했다.

1957년 벚꽃떡 기계로 업계에 발을 들인 마스닥은 토라야키 자동화장비1991년부터 일본 관광객 인기품인 도쿄바나나 생산로 내수시장을 개척하고 속재료를 단팥에서 초콜릿으로 바꾼 샌드위치 팬케이크 장비를 유럽에 수출하고 있다.

아타고는 1940년 창업 이래 당도 측정기 한 품목에 집중하여 세계 145개국에 과일 당도 측정기기를 수출하고, 세계시장 점유율 30%를 확보했다. 닛코는 1977년에 창업한 수산물 가공업체인데, 미국과 구소련이 자국 연안으로부터 200해리 내 외국 어선의 어업활동을 규제하자 양식 수산물 가공장비 시장을 개척했고, 스팀 주입식 가리비 가공장비, 연어가공 장비 등 비정형 수산물 가공장비에서 독보적인 위치를 차지하고 있다.

1950년에 일본 전통 어묵인 가마보코 생산공정에서 가장 노동력이 많이 들어가는 생선 분쇄 작업을 자동화한 야나기야는 맛살 제조장비 부문에서 세계시장의 90%를 차지하고 있는 강소기업종업원 수 150명이다.

한국의 에디슨이라 불리는 신석균 박사가 1953년 개발한 삼각지붕 모양의 게이블톱 우유팩을 자동화한 시코쿠화공기는 고속멸균으로 유통기한을 2배 늘리는 등 우유 공정 자동화로 세계 40개국에 진출한 중견기업종업원 수 692명이다. 또 나베루는 1979년 미국 회사를 벤치마킹하여 자동계란선별기 업계에 진입했으며, 럭비공 쥐는 방식을 응용한 계란 포장, 음파센서를 활용하여 깨진 계란을 판별하는 기술 등의 혁신으로 네덜란드의 모바세계시장 점유율 50%와 함께 시장을 양분하고 있다.

식품 제조업은 다른 제조업에 비해 낙후된 산업이다. 일본 식품 제조업은 1인당 부가가치액665만 엔이 제조업863만 엔 대비 70% 수준이고 영업이익률도 4.4%에 머물고 있다미국 15.8%, 유럽 12.0%, 미즈호 산업조사부, 2016년 기준. 노동력 부족도 심각한데, 인력 수요 대비 공급률을 보여주는 유효구인배율2017년을 보면 일본 전체가 1.54배인데 음식품 제조업은 2.78배이며, 결원률2017년, 3.2%은 전체 산업 평균2.4%을 상회한다.

반면 이러한 식품 제조업의 수익성 하락과 노동력 부족은 식품 장비산업의 성장에는 오히려 좋은 환경을 조성했다. 노동력 부족이 식품장비의 수요 증가로 이어진 것이다. 일본정책금융공사에 따르면 노동력 부족을 작업공정의 기계화로 극복하려는 기업이 54%2017년 기준로, 전체 식품 기업의 절반을 넘는다.

기계화가 어려운 식품 생산공정은 식품 장비산업의 기술력을 향상시키는 요인이 되었다. 식품의 원재료는 다른 공업 원료와 달리 모양이나 품질이 일정치 않다. 채소는 수확시기에 따라 크기와 모양이 다르기에 가공장비가 유연하게 대응해야 한다. 한 공장에서 계절별로 달라지는 수요에 맞추어 여러 종류의 식품을 생산하기 때문에, 식품장비의 탄력적 대응이 필요하다. 또한 식품장비 업체들은 위생관리를 위해 녹슬지 않고 곰팡이가 생기지 않는 소재를 발전시켰고, 온열과 냉열에 강한 부품을 개발했으며, 윤활유 등 이물질이 섞이지 않는 생산 프로세스를 설계했다. 열악한 여건이 산업의 발전에 오히려 득이 된 케이스이다.

식품산업 장비업체들이 첨단산업으로

마지막으로 우리가 주목해야 할 점은 범용기술Low-tech 분야로 여겨지는 식품산업에서 시작한 장비업체들이 첨단산업Hightech으로 진출하고 있다는 것이다. 후지제작소는 인스턴트 라면 제작장비를 만들면서 원료, 전기, 증기, 물 주입에 대한 노하우를 축적했고 이를 활용해 에너지 절약 공장을 설계하는 전문업체로 활약하고 있다. 아타고는 프리즘과 시료의 빛 굴절도로 과일 당도를 측정하는 기술을 염도, 밀도, 농도 측정 등에 활용해서 부동액, 세정액 등 공업용 측정기기를 생산하고 있으며, 소재부품의 90%를 자체 개발하고 있다. 도호쿠전자1978년 창업는 물질이 산화작용을 일으키면 약한 빛반딧불의 1만 분의 1을 방출하는 루미네센스 반응을 활용해서 라면공장에서 식용유 산화도를 측정하는 업체인데, 이 기술을 고지혈증, 동맥경화, 당뇨병과 같은 혈액 관련 질병 진단장비극미약 광계측장비로 발전시켰다.

연대보증 때문에: 코지마기연

베어링 공장의 기술자였던 코지마는 사장이 공금을 횡령하고 야반도주를 하는 바람에 연대보증을 했던 2천만 엔의 빚을 떠안게 되었다. 그는 빚을 갚기 위해 매일 야근을 일삼던 어느 날, 퇴근길에 단골 닭꼬치 집에 들렀다가 사장과 시비가 붙었다. 닭꼬치를 시켰는데 재료가 떨어졌다는 것이다. 장사하는 사람의 기본이 안 되어 있다고 타박하자, 사장은 닭꼬치를 끼우는 게 얼마나 힘든지 아냐며 당신이 기계를 만들어 오면 외상값을 변제해주겠다고 했다.

이 해프닝으로 코지마는 정말로 만능 자동꼬치기계를 만들었는데, 개발하는 과정에서 우여곡절도 많았다. 꼬치 재료가 제 위치에 자리 잡게 하는 기술이 핵심인데, 일정한 모양으로 미리 가공하거나 약간 익히거나 핀을 끼우는 등 여러 시도를 했지만 모두 실패했다. 하지만 수많은 실패 끝에 재료가 아니라 재료를 담는 트레이의 모양과 움직임을 조정하는 기술로 결국 문제를 해결했다. 동업자가 도면을 유출해 모방품이 나오는 시련도 있었지만 1985년 이후 꾸준히 신제품을 개발하여 1시간에 꼬치 1만 개를 생산할 수 있는 기계를 개발했고 현재는 세계시장의 90%를 차지하고 있다. 인건비 상승으로 수요가 늘고 있는 중국은 물론이고, 꼬치를 먹지 않는 유럽이나 아메리카에도 핫도그를 만드는 기계로 수출하고 있다.

오일쇼크 때문에: KTX

KTX는 1975년 창업한 전기주조 금형업체다. 친척이 금형을 만들다가 화상을 입은 것을 보고, 화상 위험이 적은 전기주조 금형사업을 시작했다고 한다. 사업 초기에는 불상을 만들었지만 자본이 모아지자 차츰 자동차 분야로 영역을 확장했다. 그런데 기술자를 고용하고 자금을 끌어와 설비투자를 시작한 시점에 오일쇼크가 터졌다. 일감은 끊기고 빚은 늘어 직원 월급을 주지 못할 정도로 파산 직전에 내몰리게 되었다.

KTX는 기술자 1명만 남기고 모두 파친코에서 일하면서 버텼고, 남은 기술자 1명이 끈질기게 기술개발을 계속하여 결국 2년 만에 자동차 내장재 진공성형 기술을 개발해냈다. 이 기술로 혼다자동차에 내장재를 납품할 수 있었다.

이후 10여 년간 일본 내의 납품만 해오던 KTX는 1998년 포드와 인연을 맺으며 급성장했다. 포드가 전 세계 완성차의 내장재를 비교 평가했는데 토요타 카르나가 1등을 했다. 질감, 경량성, 에너지 소비 등 모든 측면에서 우수했던 것이다. 포드는 이 차의 내장재를 납품한 KTX를 찾았고, 일본의 작은 회사가 포드에 납품한다는 소문이 나기 시작하면서 각국으로부터 러브콜을 받았다. 그 결과, 불상을 만들던 작은 공장이 전기주조 금형 분야에서 세계시장 점유율 90%를 자랑하는 강소기업으로 성장할 수 있었다.

야반도주 때문에: 환경경영종합연구소

마츠시타는 아이오이손해보험 부장으로 재직하며 벤처기업을 발굴하고 투자하는 업무를 담당했다. 그런데 콩비지로 포장재를 만든다는 회사를 알게 되었고, 될 만한 업체라 생각해서 전 재산을 투자하며 퇴사했다. 친인척들에게까지 투자를 권유하기도 했다.

그러나 결과가 좋지 않았다. 그 회사의 사장마저 도망가고, 그에게 남은 것은 특허뿐이었다. 그는 특허대로 자신이 직접 콩비지로 포장재를 만들어보았으나 역시 실패했다. 보험업계에서 친분이 있었던 업체 16곳에 도움을 요청하여 한 곳의 도움을 받아 콩비지 대신 녹차, 커피 찌꺼기, 보리 껍질로 시제품을 만들었지만, 이 역시 곰팡이가 슬고 쥐가 갉아먹는 등 실패를 거듭했다.

절망에 빠져 포기하려는 순간 그는 종합상사 직원으로부터 산업용 폐종이의 처리가 골칫거리라는 이야기를 듣고, 콩비지 대신 폐종이를 사용하여 다시 한번 도전했다. 그리고 그 결과 드디어 탄력성과 내구성이 좋은 신소재를 개발할 수 있었다.

물론 우여곡절도 많았다. 종이를 곱게 갈 수 있는 장비가 없어 소바집에서 메밀을 가는 맷돌에서 아이디어를 얻어 직접 만들기도 했다. 수많은 시행착오를 거치며 폐종이와 합성수지의 배합 비율을 찾았고, 실패 끝에 수증기 발포라는 신공법을 개발했다. 신소재는 종이 성분이 51%여서 플라스틱이 아닌 종이로 분류된다. 태워도 다이옥신과 같은 환경오염 물질이 나오지 않아 유아 식기 등 친환경제품에 널리 쓰이며, 단열재로도 탁월한 성능을 발휘한다.

이렇게 1998년에 창업하여 신소재 개발에 성공한 환경경영종합연구소는 2012년 글로벌 화학기업인 다우그룹과 조인트벤처로 미국 미시간에 신공장을 건설했고, 한국 진천에도 2000년에 단열재 공장을 세우는 등 발전하고 있다.

다시 꼬치기계를 만든 코지마 사장으로 돌아가보자. 한 언론이 그를 기술장인으로 소개하자 코지마 사장은 이렇게 답변했다.

"언론에서 나에 대해 '집념의 개발, 장인정신'이라고 평가해주는데, 그런 거창한 것이 아닙니다. 영세기업의 숙명이랄까? 먹고살기 위해 필사적이었을 뿐입니다. 빚이 있어서, 도중에 그만두면 가족이 거리에 나앉게 될까 봐 두려웠습니다."

★★★

일본 기업이라고 하면 많은 사람들이 장인정신을 떠올린다. 또 일반적으로 장인은 우리가 쉽게 따라갈 수 없는 비범한 사람이라고 생각한다.

하지만 소부장 기업의 성공 스토리를 살펴보면 꼭 그렇지만은 않다. 그들은 베어링 공장 기술자, 불상 만드는 아저씨, 퇴직한 대기업 부장님이었고 빚을 갚기 위해, 가족을 먹여 살리기 위해, 동료들과 같이 살기 위해 고군분투했을 뿐, 우리와 크게 다르지 않은 장삼이사들이라고도 할 수 있다. 물론 그들의 노력과 분투는 존경받아야 마땅하다.

가족이 운영하는 제조업체에서 일하던 친구 K는 반도체 1차 벤더인 S사의 협력업체로 승승장구했지만 대규모 투자를 하고 나서 글로벌 금융위기로 경기가 꺾이며 사업을 접었다. 그는 다시 작은 업체를 창업해 고군분투하고 있다. 2018년 법원 통계에 따르면 K와 같이 채무로 파산신청을 한 업체는 401개이고, 채무조정으로 회생신청을 한 업체는 389개다. 위기를 겪고 재기를 위해 노력하고 있는 한국의 모든 사장님들께 코지마, KTX, 환경경영의 재기 스토리가 위안이 되었으면 한다.

핵심 메시지

- 전쟁, 장인정신, 장수기업, 첨단산업 등 일본적 특수성을 강조하는 기존의 일반적 시각은 일본 소부장 산업의 탄생과 성장, 소멸에 대해 온전히 설명하지는 못한다.

- 이 책에서는 2차 세계대전 이후의 일본 경제사회의 역동성, 거대 과학 프로젝트 도전을 통한 비약적 성장, 비주류들의 혁신이 일본 소부장 산업 경쟁력의 중요한 원천이라는 새로운 시각을 제시한다.

- 일본적인 특수성만을 강조하는 기존의 인식은 이러한 토대가 없는 국가들은 소부장 산업을 육성하기 어렵다거나, 격차를 줄이려면 많은 시간이 필요하다는 잘못된 결론에 이를 위험성이 크므로 경계해야 한다.

- 새로운 시각으로 보면 한국이 일본과의 격차를 줄이는 것은 어려운 일이 아니며, 오히려 일본과 비교하면 한국의 소부장 산업이 클 수

있는 여건이 갖추어져 있고 잠재력도 충분하다는 점을 알 수 있다.

∴ 소부장 산업을 육성하려면 지금보다 더 역동적인 경제사회 환경을 조성하고, 도전과 혁신을 장려해야 하며, 주류가 아닌 이 사회의 소외된 비주류들에게 더욱 더 관심을 가져야 한다.

∴ 이러한 측면에서 소부장 경쟁력은 산업정책에만 국한된 문제가 아니며 역동성, 포용성, 혁신성, 다원성과 같은 한 나라의 경제사회 시스템의 경쟁력 문제로까지 확대하여 접근해야 할 것이다.

PART 2

일본의 수출규제, 위기인가, 기회인가?

한국과 일본은 구조적 변화의 출발점에 섰다

한일 국제분업 체제가 오래 유지된 이유

일본으로부터 소부장을 수입해서 반제품이나 완제품을 만들어 해외로 수출하는 한일 간의 국제분업 체제는 오래된 것이다. 이토록 오랫동안 이런 시스템이 유지될 수 있었던 것은 한일 양국이 이로부터 이득을 얻고 있었기 때문이다.

반도체, 조선, 자동차와 같은 제조업 밸류체인의 하류 부문이 한국과 중국으로 이전되었지만, 이들이 일본의 소부장 산업과 협업한 덕분에 일본은 일정 수준의 경제규모를 유지할 수 있었다. 한국 역시 지리적으로 가깝고 비즈니스 문화가 유사하며 우수한 기술력을 보유한 일본 소부장 기업들 덕분에 반도체와 같은 주력산업의 경쟁력을 획기적으로 향상시킬 수 있었다.

거래 관행을 유지하려는 관성

한일 분업관계가 고착화된 또 다른 이유는 경제적 이득뿐만 아니라 과거의 거래 관행을 유지하려는 관성이 작용했기 때문이다.

한국 대기업들은 과거의 일본과의 성공적 협력 경험을 살리고, 거래선 변경에 따른 유무형의 비용을 최소화하며, 예기치 못한 위험을 회피하기 위해 일본 소부장 산업과의 네트워크를 유지해왔다. 또 일본의 소부장 기업들은 기술적 우위성이라는 강점이 점점 약화되고 있는 가운데에서도, 해당 분야에서 한국 대기업과 먼저 거래한 선발자로서의 기득권을 충분히 향유하면서 후발주자들의 진입을 손쉽게 막아낼 수 있었다. 이런 상황에서 한국의 신생 소부장 기업들이 설 자리는 많지 않았다.

한일 간 분업의 구조적 변화가 시작되었다

2019년에 일어난 전략물자 수출규제는 오랫동안 고착된 양국 분업

관계의 구조적 변화를 일으킬 수 있는 일대 사건임에 틀림없다.

한국의 대기업들은 일본 소부장과의 거래가 기존의 안정과 혁신 대신 위험과 불안을 가져올 수 있다는 것을 깨달았다. 한편 일본의 소부장 업체들은 그동안 누려왔던 선발자로서의 이점을 내려두고, 이제부터는 혁신적이고 공격적이며 에너지가 넘치는 한국의 후발주자들과 진짜 경쟁을 마주하게 되었다.

산업에서 국가 간 역학관계의 변화는 새로운 것이 아니다. 조선산업이 영국 → 일본 → 한국 → 중국으로 이동했듯이, 대부분의 제조업은 선도국과 후발국 사이에서 반복적 교체가 일어났다. 예기치 못한 외부적 충격이 기존에 견고하게 유지되어온 역학관계의 변화를 일으키는 변곡점을 만들었다.

2장에서 상세히 설명하겠지만 일본은 공작기계 분야에서 1980년대 IT라는 변화를 잘 활용해서 반세기 동안 이 업종을 주름잡았던 미국을 따돌렸다. 일본의 완성차 대기업들은 2011년 동일본대지진이라는 충격을 받고 한국 등 동북아 국가로 조달처를 다변화하는 데 나섰고, 이는 오랫동안 유지된 차 부품 산업에서 한일 간 분업구도의 구조적 변화를 불러왔다. 4차 산업혁명이라는 기술적 충격은 신물질 개발과 기계생산 프로세스에 새로운 길을 열었고, 그동안 일본이 유지해온 압도적 경쟁력은 위협받고 있다.

1

동일본대지진의 교훈 _자동차 부품

한국의 자동차 부품산업은 초창기에 일본의 영향을 크게 받았다. 1962년 새나라자동차는 일본 닛산자동차의 도움으로 블루버드 승용차를 생산했는데, 부품을 전적으로 수입에 의존했다. 1975년에 현대가 개발한 국내 최초의 완성차 '포니'는 이탈리아 디자이너가 설계했고, 차체 모델링오기하라금형, 엔진과 변속기미쓰비시 등 핵심부품을 여전히 일본에 의존했다.

이처럼 자동차 부품은 만성적 대일본 무역수지 적자품목이었다. 무역협회 통계에 따르면 자동차 부품MTI74200, 엔진을 제외한 자동차 부품의 대일본 무역적자는 1988년 540만 달러에서 2010년 10억 달러로 20배 늘었다. 그러나 2010년 이후로는 적자를 지속해서 줄여나가 2014년에는 소폭의 흑자를 기록했고, 2019년 현재는 정점 대비 10분의 1인 1억 달러 수준까지 줄일 수 있었다. 한국의 자동차산업은 이처

자동차 부품 대일본 수출입 추이 단위: 100만 달러 | 자료: 무역협회

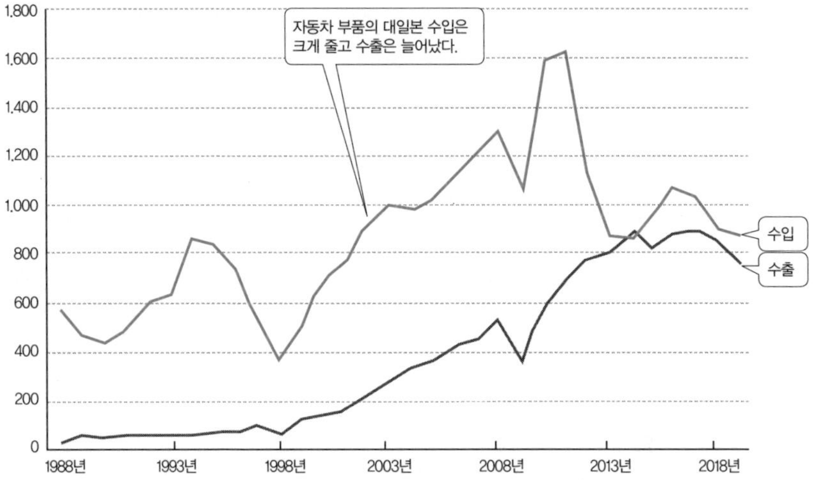

럼 대일본 의존도를 줄임과 동시에 성장을 거듭해 생산 100조 원섬유 84조 원, 반도체 84조 원, 고용 23만 명섬유 17만 명, 반도체 11만 명, 기업 수 9천여 개에 이르는 기간산업이 되었다.

한국 자동차 부품산업, 어떻게 약진할 수 있었을까?

한국의 자동차 부품산업은 어떻게 대일본 수입을 줄이고 수출을 늘릴 수 있었을까?

한국 자동차 부품산업 동향을 업데이트해온 일본정책투자은행의 분석을 들여다보자2013년 2월, '자동차산업에서 한국 부품 서플라이어의 변화'.

일본정책투자은행은 한국 자동차 부품산업이 약진한 원인을 합리적 가격, 품질 향상, 정부 지원이라고 분석했다.

- 합리적 가격: 한국 자동차 부품 업체들은 현대자동차 의존도가 높다. 현대자동차는 다른 완성차 업체에 비해 협력업체에 납품단가 인하 요구가 강한 편이다. 수요업체의 비용절감 압박과 한국의 상대적으로 낮은 노동비용은 한국산 자동차 부품의 가격경쟁력으로 이어졌다.
- 품질 향상: 한국 완성차 업체는 1980년대 미국 진출과 함께 품질 경영파이브스타제 등을 본격적으로 추진했다. 1997년 외환위기 이후 중소 부품업체들이 정리되고, 현대모비스, 만도, 현대WIA와 같은 0.5차 공급자Supplier가 등장해서 모듈화를 추진한 것도 품질 향상에 기여했다. 보쉬, 델파이 등 한국 진출 업체와의 제휴, 일본 완성차 업체의 퇴직 기술인력의 전략적 활용 등 외국으로부터의 선진기술 흡수도 빠뜨릴 수 없다.
- 정부 지원: 상공부현 산업통상자원부는 1970년대 KS공장이 아니면 부품을 생산할 수 없는 KS명령품목 제도, 자동차 부품 품질관리 등급제를 추진했고, 2000년대 들어서는 부품소재발전기본계획2001년, 자동차산업 활성화 방안2009년을 수립했다. 코트라KOTRA, 대한무역진흥공사는 해외 자동차 부품 수출 마케팅을 밀착 지원했다.

한국 정부가 꾸준히 추진한 FTA 정책도 자동차 부품의 수출을 뒷받침했다.

일본정책투자은행의 이러한 분석은 수긍할 만하지만, 2011년 이후 자동차 부품의 급격한 대일본 수출 증가와 수입 감소를 설명하려면 또 하나의 중요한 사건인 동일본대지진을 이야기하지 않을 수 없다.

동일본대지진이 일본 자동차업계에 준 교훈

2011년 3월 11일 후쿠시마 인근 해역에서 발생한 동일본대지진은 최대진도 7로 일본 관측 사상 가장 강력한 지진이었다. 사망자 1만 5,900명, 건물 12만 2천 호 전파, 행방불명 2,500명 등 인적, 물적 피해가 매우 컸고, 공장 가동 중단 등으로 인한 경제적 피해도 적지 않았다.

마이콘이라는 자동차 제어장치ECU 반도체를 생산하는 르네사스 일렉트로닉스세계시장 점유율 30%도 동일본대지진으로 공장 천장의 일부가 내려앉고, 벽이 넘어져 대부분의 제조장비가 사용불능 상태가 되었다. 르네사스가 생산을 멈추자 토요타자동차 등 일본 완성차 업체는 40% 이상 감산했고, 완전히 복구하는 데 6개월 이상이 걸렸다.

일본 완성차 업체들이 큰 피해를 입게 된 원인은 마이콘을 르네사스에 절대적으로 의존하고 있었기 때문이었다. 토요타자동차는 공급 단절 위험을 피하기 위해 덴소를 비롯해 복수의 협력업체로부터 제어장치를 공급받고 있었으나, 협력업체들은 제어장치의 핵심인 마이콘을 르네사스 한 곳에 의존하고 있었다. 완성차 업체들이 부품을 표준화하지 않고 모델별로 미세한 기능적 차이를 두며 차별화를 꾀한 것도 비상시에 대체 공급품을 찾기 어렵게 만든 원인이 되었다. 르네사스가 생산하는 마이콘의 종류만 수만 종에 달했고, 제작공정이 모두 달라 르네사스 공장 간에도 대체생산이 불가능했다.

이러한 경험을 하고 난 이후 일본 완성차 업체들은 부품을 공통화했고, 하나의 부품을 여러 업체로부터 공급받았다. 하나의 업체로부터 집중 발주하는 일본 업계의 오래된 관행이 동일본 대지진이라는 충격을 받고 비로소 바뀐 것이다.

일본 완성차 업체들은 공급처 분산과 동시에 재난재해의 위험이 적은 한국을 비롯한 아시아로부터 자동차 부품 수입을 늘렸다. 일본 재무성 무역통계에 따르면, 일본의 전체 자동차 부품 수입액 중 아시아로부터의 수입액이 차지하는 비중은 2010년 30% 수준에서 2018년 50% 이상으로 증가했다. 일본 완성차 업체의 해외 현지생산 확대로 인한 일본계 부품의 역수입을 고려하더라도, 이는 매우 의미 있는 증가 추세라고 할 수 있다.

일본의 수출규제, 한일 역학관계를 바꾼다

외부충격에 의한 행동양식의 변화는 길고 오래간다. 동일본대지진 직후, 일본은 원전 중단에 따른 전력공급 부족으로 강력한 수요억제 정책을 시행했다. 국민들은 에너지 절약에 적극 동참했고, 전력공급이 복구되어 더 이상 절전이 필요 없게 된 뒤에도 수요는 늘어나지 않았다. 세대당 한 달 평균전력소비량은 대지진 이전인 2010년에는 302.2kwh였지만, 한참이 지난 2015년에도 제자리로 돌아가지 않고 247.8kwh에 머물렀다. 이에 일본 정부가 전력공급에 문제가 없으니 열사병에 걸리지 않도록 여름에 에어컨을 충분히 틀라고 권고하는 생소한 장면이 연출되기도 했다.

동일본대지진이 일본 완성차 업체의 조달 관행에 큰 변화를 주었듯이, 일본의 전략물자 수출규제 역시 한국 대기업들의 조달정책에 큰 변화를 가져올 것이다. 시시비비를 떠나 일본으로부터의 소재부품 수입은 상당한 리스크를 감수해야 한다. 정치 상황이 불안한 개발도상국으로부터 수입을 할 때 기업들이 지정학적 리스크를 비용으로 고려하듯, 대일본 소부장 공급 단절 리스크를 경영판단에 포함시키지 않을 수 없게 된 것이다.

2011년 동일본대지진 이후 10여 년간 자동차 부품산업에서 한일 교역구조의 구조적 변화가 일어났듯, 2019년 전략물자 수출규제 이후 10년은 소부장 산업 전반에서 한일 간 역학관계를 바꾸는 계기가 될 가능성이 매우 높다.

2

자학적 경제관을 버려라

'넘사벽 일본'이라는 트라우마

"현장에서 느끼는 일본과의 기술격차가 50년이다."

일본의 수출규제 직후 한 경제단체 수장의 이 발언은 예상치 못한 큰 파장을 일으켰다. 국회에서는 이를 인용한 논평으로 정당 간 논쟁이 촉발되었고, 언론사들은 발 빠르게 팩트 체크에 나섰다. 한 방송사는 객관적인 연구결과나 최근의 언론보도는 찾을 수 없었다고 보도했고, '50년'을 수사적 표현으로 이해해달라는 해명이 있고서야 소동은 일단락되었다.

하지만 이는 웃어넘기기 어려운 해프닝이다. 오랜 기간에 걸쳐 조용히 퍼져 있는 '넘사벽 넘어설 수 없는 거대한 벽 일본'이라는 트라우마를 보여주기 때문이다.

"일본은 경제대국이자 산업강국이고 우리가 넘어서기 어려운 선진국이다. 반세기에 걸쳐 축적된 일본의 소부장 경쟁력은 따라가기 어렵다. 극일은 좋지만 현실은 인정하자."

넘사벽 일본이라는 프레임은 이와 같이 단순하고 강력하다. 그래서 더욱 경계해야 하는 측면이 있다.

한국과 일본의 격차는 정말로 50년일까?

한국과 일본의 격차가 정말로 50년일까? 일본도 소부장 선진국이 되는 데 50년이 걸렸고, 우리가 따라가려면 그처럼 긴 시간이 필요한 것일까? 통계를 통해 우선 사실관계부터 확인해보자.

소부장 산업에서 일본이 우리보다 앞서 있는 것은 사실이다. 2018년 산업연구원의 조사에 따르면, 우리나라의 소재부품 자체 조달률은 60% 수준이다. 업종별로는 반도체 27%, 디스플레이 45%, 기계 61%, 자동차 66%다. 자체 생산이 안 되는 부분은 해외로부터 수입하는데, 특히 일본으로부터의 수입이 많다는 것도 팩트이다. 대일교역 통계를 살펴보면, 2001년 소부장 산업에서의 대일본 적자는 128억 달러 수출 64억 달러, 수입 192억 달러 였는데, 2018년에는 224억 달러 수출 148억 달러, 수입 371억 달러 로 96억 달러 늘었다. 대일본 수입의 68%가 소부장이며, 이는 미국 41%, EU 46%, 중국 53%보다 높은 수치이다.

제품과 기술경쟁력에서 일본이 우위에 있다는 것도 부인할 수 없다. 중소기업중앙회가 소부장 중소기업 1,002곳을 조사한 결과에 따르면, 한국의 기술력 수준은 일본의 89.3% 수준에 머물고 있다미국 대비 96.4%, 유럽 대비 86.8%, 중국 대비 115.0%.

하지만 한국은 빠르게 따라잡고 있다. 2017년 산업기술진흥원의 산업기술수준조사에 따르면, 소부장 부문의 한일 기술격차는 2015년 12.8한국 84점, 일본 96.8점에서 2017년 12.2한국 83.8점, 일봉 96점로 감소했다. 양국의 소재부품 기술격차가 1985년 약 20배 수준에서 2000년 약 14배, 2015년 약 3.8배로 격차가 줄었다는 동의대학 이홍배 교수의 연구2018도 주목할 만하다.

양국의 기술수준 평가에서 가장 권위 있는 한국과학기술평가원KISTEP과 일본과학기술진흥원JIST도 같은 의견을 내고 있다. 한국과학기술평가원의 평가기술수준 평가보고서에 따르면, 한국의 기술수준이 완만히 상승한 반면, 일본의 기술수준은 하락하면서 양국 간 기술격차는 2014년 2.8년, 2015년 2.7년, 2018년 1.9년으로 줄었다. 일본과학기술진흥원도 연구개발의 부감 보고서에서 같은 의견을 내놓았다. 2009년 대비 2017년 한일 간 기술격차는 환경 및 에너지0.5 → 0.37, 나노재료0.43 → 0.36, 임상의학0.37 → 0.27 등 대부분의 업종에서 줄어들었다.

한일 기술수준 격차(한국과학기술평가원) 자료: 한국과학기술평가원 통계 재구성

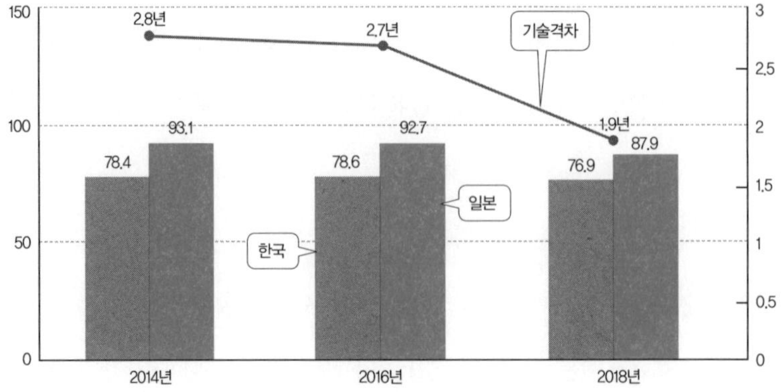

한일 기술수준 격차(일본과학기술진흥원) 자료: 일본과학기술진흥원 통계 재구성

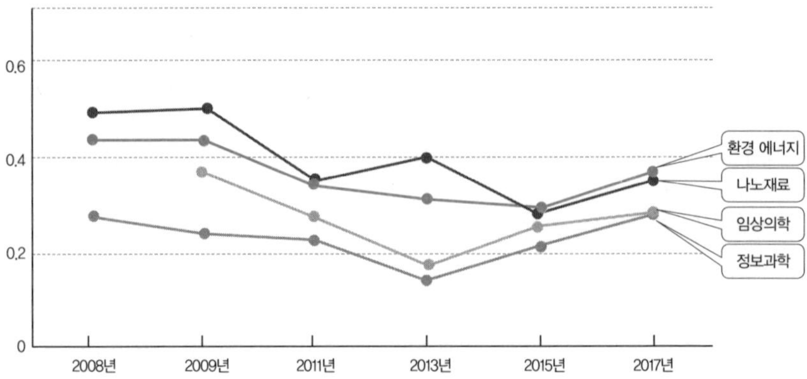

일본은 독일보다 왜 더 오래 걸렸을까?

그렇다면 우리가 일본과 같은 글로벌 수준에 오르려면 얼마나 걸릴까? 과거 일본의 사례에서 그 해답의 실마리를 찾아보자.

일본 큐슈에 자리 잡은 리츠메이칸 아시아태평양연구소는 틈새 시장Niche Market에서 압도적인 세계시장 점유율Global Top을 자랑하는 일본 틈새 1등 기업Global Niche Top을 연구해온 싱크탱크다. 이 연구소는 2010년에 독일의 '히든 챔피언Hidden Champion'과 일본 틈새 1등 기업들의 비교연구를 했는데 그 결과가 흥미롭다.

이 연구에 따르면 창업에서 글로벌 경쟁력을 갖추기까지 일본 기업은 평균 54년이 걸렸고, 독일 기업은 13년이 걸렸다.

리츠메이칸의 또 다른 연구에서는 더딘 국제화를 중요한 원인으로 지적했다. 세계 정상에 오른 일본 기업 99개 사의 성장경로를 조사한 결과, 77.8%가 내수시장에 머물다 나중에서야 국제화를 추진했다.

헤르만 지몬 역시 저서 『히든 챔피언』에서 성장을 막는 원인으로 일본 기업의 소극적인 해외진출을 꼽았다. 그는 "미국과 일본 기업은 내수시장이 거대하기 때문에 글로벌화의 필요가 없다는 인식을 갖고 있다"라고 분석하고, "많은 일본 중견기업은 해외에 진출하여 히든 챔피언이 될 힘과 기술력이 있는데도, 다른 나라의 히든 챔피언과 같은 에너지와 속도로 글로벌화를 하지 않고 잠재력을 충분히 활용하지 못하고 있다"라고 지적했다.

일본경제산업연구소는 대기업과 중소기업의 계열관계 유무가 독일과 일본 기업의 글로벌화 행동에 큰 영향을 미친 것으로 분석했다. 대기업과 중소기업 간 계열관계가 약한 독일 중소기업은 마케팅, 기획, 개발, 영업, 판매를 모두 자체적으로 해결해야 하며, 이러한 능력이 글로벌화로 이어졌다고 설명했다. 반면에 일본은 계열거래가 많기 때문에 중소기업의 외부기업과의 관계: 수직연계 66%, 수평연계 27%, 기타 7%, 중소기업들은 제조 및 개발만 담당하고 기획, 개발, 영업, 판매 등을 대기업에 의존하는 경향이 있어, 글로벌화 능력을 갖추지 못했다고 분석했다. 이러한 경제사회 구조적 요인 외에도 산학연 클러스터 등 인프라, 영어교육 등 인적 요인도 양국 기업의 글로벌화 속도의 차이에 영향을 미친 요인으로 지적된다.

결론적으로 일본 소부장 기업들은 글로벌 지향성이 부족했기 때문에 독일에 비해 정상에 오르는 데 긴 시간이 필요했다. 내수지향과 글로벌 지향의 차이가 독일과 일본 기업 사이에 수십 년의 차이를 만든 것이다.

이상의 분석을 참고하면 일본이 50년 걸렸다고 해서 우리도 50년 걸린다는 법은 없다는 것을 알 수 있다. 독일이 13년에 해냈다면 우리도 해낼 수 있다.

★★★

일제 치하 대만의 항일 무장봉기 사건을 다룬 영화 ≪시디그 발레≫를 보자. 영화에서 일제는 시디그 부족의 족장들을 일본에 초대하여 불야성인 도시와 거대한 군함, 대포를 추장들에게 보여준다. 이후 자기 부족으로 돌아간 추장들은 일제에 저항을 포기한다. 젊은이들을 주저앉히고 제국을 동경하라고 설득한다. 그리고 이런 길들임은 마치 전염병처럼 감염되고 퍼진다.

자학적 자기인식을 심어놓는 이런 통치방식은 값싸고 효과적이다. 스스로 무릎 꿇게 하는 제국주의의 잔재라 할 수 있다. 그리고 한일 격차 50년 논쟁의 이면에는 우리도 모르는 이런 '자학적 경제관'이 자리 잡고 있는지도 모른다.

거대한 내수 시장을 활용하여 자신들만의 독특한 거래관행과 시스템을 구축해온 결과 글로벌화에 50년이 걸린 일본, 야심적 목표와 글로벌 지향성으로 13년 만에 끝낸 독일. 어느 길을 택해서 어떻게 갈 것인지는 이제 우리의 선택에 달렸다.

3

기회의 창이 열렸다 1 _화학산업

2015년 1월 도쿄 빅사이트에서 열린 '저팬 나노 2015'. 부대행사로 준비된 제13회 테크놀로지 종합 심포지엄에서 거브랜드 시더 MIT 교수 현 UC버클리대 교수 의 「소재 혁신 가속화를 위한 소재 게놈 접근법」[01]이라는 발표의 전고체 배터리 개발 사례는 일본 업계를 놀라게 했다. 반세기 이상 축적한 소재강국 일본의 근간을 흔드는 내용이었기 때문이었다.

MIT와 한국 B사, 소재강국 일본의 근간을 흔들다

일본 기업인 A사는 2011년 5월, 꿈의 배터리라 불리는 전고체 배터리[02] 핵

01 Gerbrand Ceder, 「Material Genome Approach to Accelerating Material Innovation」, 2015.

02 전고체 배터리는 리튬이온 배터리의 액체 전해질을 고체로 바꾼 것이다. 액체 전해질 배터리는

심인 전고체 신물질을 특허 등록했다. 배터리는 리튬이온의 이동속도가 성능을 좌우하는데, A사는 수많은 시행착오를 거쳐 리튬이온이 빨리 움직이는 새로운 전고체 소재를 개발했고, 2012년 11월 특허를 공개할 예정이었다.

그런데 A사가 특허 공개를 앞둔 2012년 10월에 놀랍게도 MIT와 한국의 B사가 똑같은 연구결과를 논문으로 발표한 것이다. 화학업계의 상식으로는 이해할 수 없는 일이었다.

소재개발은 7단계로 진행된다. 신소재는 원하는 특성을 가진 재료를 찾기 위해 소재 데이터를 분석하는 발견Discovery 단계에서 시작하여 개발Development, 물성 최적화Property optimization, 통합Integration, 인증Certification, 제조Manufacturing 단계를 거쳐 시장에 출시Release 된다. 전체 과정은 통상 10~20년이 걸린다.

한미 연합은 어떻게 미공개 특허를 따라잡았을까?

MIT와 한국 B사의 한미연합은 어떻게 미공개 특허를 따라잡을 수

열이나 충격을 받으면 전해질이 흘러내려 폭발할 위험이 있다. 반면 전고체 배터리는 폭발 위험이 적고 그 외의 장점도 많다. 분리막이 불필요하기에 배터리 크기를 절반으로 줄일 수 있고, 얇게 만들어 구부릴 수도 있다. 배터리 용량도 늘어나 전기차에 장착하면 1회 충전으로 최대 700㎞ 이상 주행할 수 있다. 일본 후지경제연구소에 따르면 세계 전고체 전지시장은 2035년 약 28조 원으로 예상되며 일본 토요타자동차, 파나소닉, 한국 현대자동차, 삼성전자 등이 연구개발을 추진하고 있다.

있었을까?

이들은 긴 시간이 걸리는 실험을 하는 대신, 일본이 발표한 연료 전지 논문정보를 기초로 컴퓨터 시뮬레이션을 해서 일본의 미공개 특허와 같은 신물질 구조를 발견했다.

즉, 빅데이터와 인공지능과 같은 4차 산업혁명 기술을 소재개발에 적용하여 소재의 물성에 대한 물리적·화학적 데이터를 신속히 파악하고, 소재 개발 데이터를 축적, 공유, 활용하여 전통적인 방식으로는 따라잡기 어려운 신소재 기술을 1~2년 만에 완성하여 선발자를 추월할 수 있는 길이 열린 것이다.

놀란 일본은 이러한 한미 연합의 추월에 자극을 받아 2018년 새로운 소재개발 사업을 시작했다. 이는 '초첨단재료 초고속개발 기반기술 프로젝트'라는 사업으로, 재료 전문가와 데이터과학 전문가가 협업하고 슈퍼컴퓨터와 인공지능을 활용하여 소재개발 기간을 20분의 1로 단축하는 것을 목표로 삼았다. 도레이, 쇼와덴코, 신일철, JSR, 무라타제작소 등 20여 개 업체가 첨단소재고속개발기술연구조합을 결성했고, 일본 경제산업성이 매년 24억 엔 규모의 예산을 지원하는 사업이다.

초고속 소재개발에 대한 일본의 지원은 다소 늦은 편이다. 미국은 2011년 국가과학기술위원회NTSC 주도로 소재게놈이니셔티브MGI, Materials Genome Initiative를 선언하고 2014년에 국가전략계획을 수립했다. 유럽도 2015년 연구혁신 프로그램Horizon 2020의 하나로 소재 빅데이터 구축사업NOMAD, NOvel MAterial Discovery을 추진했다. 중국 또한 중국제조 2025Made in China 2025 정책에 소재 게놈 엔지니어링 프로그램을 포함시켰다. 우리나라 역시 2000년에 소재DB 구축사업을 시작했고, 2019년 소재부품장비 경쟁력 강화대책을 통해 이를 더 강화하며 금속, 화학, 세라믹 등 5개 분야에서 가상 시뮬레이션을 추진하고 있다.

기회의 창이 열렸다

이근 서울대학 교수의 저서 『경제 추격론의 재창조』에 따르면, 선발자가 등장해서 시장을 장악했다가 쇠락하고, 새롭게 진입한 후발자가 선발자를 시장에서 몰아내며, 그들 역시 차세대 후발자에게 자리를 내주는 것이 산업의 통상적인 순환경로이다.

산업 주도권의 국가 간 이전은 새로운 기술혁신이나 새로운 기술-경제 패러다임의 등장, 경기불황과 시장 수요의 변화, 정부나 규제의 비대칭적 역할 등 '기회의 창'이 열렸을 때 일어난다. 이런 상황에서 후발주자가 공격적으로 비약Leapfrogging 전략을 선택하고, 선발자의 실수기존 기술에 집착하는 선발자 함정에 빠지는 등가 맞물릴 때 시장점유율의 역전과 주도권 이전이 발생한다.

소부장은 암묵지暗默知, Tacit Knowledge, 언어 등으로 표현할 수 없는, 경험과 학습을 통해 개인에 체화된 지식이나 노하우 산업이며, 여러 분야의 융합을 매개하는 산업이고, 기술주기가 상대적으로 길어서 역전이 쉽지 않은 산업이기도 하다. 그러나 일본의 수출규제와 4차 산업혁명 기술의 등장으로 한국 소부장 산업에 기회의 창이 열렸다. 이제 우리는 4차 산업혁명을 활용해 추격을 넘어 추월 전략을 구사하고, 소부장 분야의 주도권을 가져와야 한다.

기회의 창이 열렸다 2 _공작기계

소재를 절단하고, 구멍을 뚫고, 연마해서 부품을 만드는 기계인 공작기계는 제조업의 핵심이다.

공작기계는 두 가지 이유로 제조업 경쟁력에 큰 영향을 준다. 첫 번째는 모성원리Copying Principle다. 공작기계는 기계를 만드는 기계Mother Machine다. 정밀도가 높은 기계 A를 만들려면 그보다 더 정밀도가 높은 공작기계 B가 필요하다. 공작기계 B의 정밀도를 높이려면 더 나은 C라는 공작기계가 필요하다. 따라서 공작기계는 제조업 기술 고도화 선순환 사이클의 중심에 있다.

또 다른 이론적 접근은 미국의 기술사학자 로젠버그N. Rosenberg가 주창한 기술적 수렴장치Technical Convergence로서의 역할이다. 공작기계는 모든 산업 현장에서 사용된다. A산업의 특정한 용도를 위해 개발된 공작기계의 새로운 기술은 공작기계를 통해 B산업에도 사용된다. 다양한 산업의 기술수준이 공작기계를 경유하여 상호 영향을 주며, 한 국가의 제조업 전체의 기술수준이 평균으로 수렴한다.

제조업에서 공작기계의 역할을 좀 더 살펴보자.

LED 조명을 장착한 자동차 전조등을 보면 과거와 같은 단순한 원형이 아니라 복잡한 디자인이 늘어나고 있다. 그런데 정밀한 금형을 만들려면 고성능의 공작기계가 필요하다. 보잉787은 전 기종에 비해 알루미늄 비중을 대폭 줄이고 티타늄15%과 복합재료50%를 늘렸으며, 엔진의 내구성을 높이기 위해 니켈합금을 썼다. 이러한 신소재를 가공하기 위해서는 복잡한 가공이 가능한 5축 공작기계나 특수가공 기계가 필요하다. 아이폰은 2007년 독특한 사각형 모양 메탈 케이스를 채용했다. 이 제품의 가공 난이도가 높아 중국 현지공장에서는 일본산 공작기계를 수입할 수밖에 없었다고 한다.

일본 공작기계는 어떻게 세계 정상급에 올랐을까?

일본은 공작기계 강국이다. 1982년 미국을 제치고 공작기계 세계 1위에 오른 이후 2009년까지 27년간 연속으로 세계 공작기계 시장점유율 1위를 차지했다. 이후 중국에 1위 자리를 내주긴 했지만, 지금도 일본은 미국, 독일 및 유럽 업체들과 함께 우주항공 등 고기능 공작기계 시장을 장악하고 있고, 한국을 포함한 중국, 대만 등 아시아 메이커들은 범용장비 중심으로 그 뒤를 추격하고 있다.

일본의 공작기계 업체들은 다양한 분야에 포진해 있다. 2016년 유럽 최대 메이커인 길드마이스터를 통합한 세계 최대급 메이커 DMG모리정기를 비롯해, 창업 100년이 넘는 장수기업인 NC선반의 강자 오쿠마, 비상장기업으로서는 세계 정상급인 종합기계 메이커 야마자키마작, 자동차·항공우주와 금형 분야에 특화한 마키노프라이스제작소, 토요타가 지분22%을 보유하고 있는 자동차 공작기계의 제이텍트 등이 있다.

이 중에서 일본 공작기계 산업이 어떻게 세계 정상급에 오를 수 있었는지 알아보기 위해 빠뜨리지 말아야 할 업체는 화낙이다.

화낙은 '공작기계의 두뇌'라고 불리는 수치제어장치CNC, Computer Numerical Control의 강자이며, 후지쯔의 사내 신규사업으로 1956년에 시작하여 1972년 후지쯔화낙으로 분리독립한 이후 1982년 사명을 지금의 화낙으로 변경했다. 창업 초기인 1975년에 항공우주 분야에서 주로 사용하던 마이크로프로세서를 수치제어장치에 접목했는데, 이는 IBM이 1981년에 PC에 마이크로프로세서를 처음으로 장착한 것보다 6년이나 빠른 것이다.

전통적인 기계산업에 정보통신기술을 남보다 빨리 접목하면서 일본의 공작기계 산업은 비약적으로 발전하게 되었고, 1982년 미국을 제치고 공작기계 1위에 오르는 데 기여했다. 당시 일본의 공작기계 업체들은 수치제어장치는 화낙에 맡겨두고 각자 다른 영역에서 전문화를 꾀한 반면, 미국 업체들은 각자 독자적인 수치제어장치를 개발하며 소모적 경쟁을 했다. 이것 역시 양국 공작기계 산업의 향배를 가른 중요한 원인이 되었다.

1980년대 일본 경제의 비약적 발전에 위협을 느낀 미국은 산업 경쟁력 회복을 목적으로 MIT 중심의 산업생산성조사위원회를 발족한다. 이 위원회는 보고서「Made in America: Regaining the Productive Edge」에서 1970~1980년대 일본의 고도성장 원인을 수치제어장치 공작기계의 발달로 꼽기도 했다.

4차 산업혁명으로 추월의 기회가 열렸다

한국은 세계 6대 공작기계 소비국39억 달러이자 생산국53억 달러이다. 공작기계 산업은 2019년 기준 수출 23억 달러, 수입 10억 달러로 13억 달러의 흑자를 내고 있다한국공작기계산업협회, 2018. 아직 세계 정상에 오르려면 갈 길이 멀지만, 실망할 필요는 없다. 우리에게도 추월의 기회가 열려 있다.

4차 산업혁명으로 공작기계 산업에 디지털 트윈Digital Twin이라는 새로운 변화의 바람이 불고 있다. 디지털 트윈은 실제 부품 또는 생산설비와 똑같은 가상모델을 만들어 시뮬레이션을 반복하여 시제품 제작 이전에 불필요한 가공을 최소화하는 새로운 가공방식이다. 독일 정유소에서 사용하는 고온 버너 시스템의 경우 디지털 트윈으로 복잡한 내부구조를 단순화하고 가공 효율성을 높여 길이를 대폭 줄이고3.4m에서 1.7m로, 부품 수를 절반으로 감축한 사례도 있다. 디지털 트윈이 공작기계와 제조업의 패러다임 변화를 가져오고 있는 것이다. 1980년대 화낙이 수치제어장치로 미국을 추월한 것처럼, 디지털 트윈과 같은 큰 변화에 능동적으로 대응한다면 한국이 공작기계 강국이 되는 것도 먼 이야기만은 아닐 것이다.

5

무너지지 않는 성은 없다

잠금효과Lock-in effect는 널리 알려진 경제학적 개념으로 특정 재화나 서비스를 한번 이용하면 다른 재화나 서비스를 이용하기 어려워져 기존의 것을 계속 사용하게 되는 것을 말한다. 잠금효과가 발생하는 이유는 여러 가지다. 새로운 잉크를 쓰려면 프린터를 바꾸어야 하는 것처럼 제품을 바꿀 때 전환비용이 큰 경우, 카카오톡과 같이 서비스가 연결되어 있어서 바꾸지 않는 편이 더 유리한 경우 등을 들 수 있다.

소부장은 대체로 소비재에 비해 제품의 사용주기가 길고, 거래가 한번 성사되면 장기간 이어지는 특성이 있다. 일본 소부장 기업들은 여기에 더해 전환비용이 크거나, 서로 연결되어 있어 거래선을 바꾸기 어려운 품목에서 선발자의 이익을 누리고 있다.

알약코팅 선발주자와 잠금효과

프로인트산업은 알약코팅 장비업체다. 알약은 0.1㎜ 정도의 얇은 막을 입히는데, 코팅 두께나 방식에 따라 체내에 흡수되는 시점이나 시간이 조절되고 약효도 달라진다고 한다. 매끄럽게 원하는 두께로 코팅을 하려면, 수십 또는 수백 미크론 단위의 작은 입자들을 만들어 습기를 넣어주면서 약 표면에 고운 입자를 균일하게 달라붙게 하는 기술이 필요하다.

프로인트는 1960년대부터 연구개발은 내부에서 하고, 장비생산은 외부에 위탁하는 팹리스Fabless 비즈니스 모델을 도입하여 코팅장비를 생산했고, 약을 보호하거나 움직임을 조절하는 약 첨가제로 사업을 다각화해 매출을 늘렸다. 도쿄올림픽이 개최된 1964년에 창업한 이후로 60여 년간 단 한 번도 적자를 내지 않은 장수 우량기업이다.

프로인트가 장기간 꾸준한 실적을 낼 수 있었던 이유는 좋은 기술과 함께 제약업계의 보수적인 거래관행 덕분이었다. 신약개발은 대규모 투자가 필요하면서 성공률은 낮은, 즉 리스크가 큰 사업이다. 그래서 높은 리스크를 감수하고 신약개발에 성공한 제약업체는 생산단계에서는 극도로 위험을 회피하는 성향이 있다고 한다. 즉 신약개발에서 큰 위험을 감수한 만큼, 코팅과 같은 생산기술에 대해서는 안전하고 보수적인 길을 선호한다. 코팅장비는 전체 투자비에서는 극히 작은 부분을 차지하지만 새로운 제품으로 바꾸었다가 공정에 차질이 생기면 큰 비용을 지불해야 하기 때문에, 전환비용이 큰 품목이다. 이러한 특성으로 인해 세계 알약 코팅장비 시장은 프로인트를 포함하여 3개 회사가 과점하고 있는 상태이고, 레퍼런스가 없는 신규 업체의 진입은 극히 드물다.

네트워크 효과를 활용하다

1951년에 창업한 오사카정밀기계는 기어측정기를 생산한다. 1976년에 세계 최초로 전자식 기어측정 장비를 개발했고, 1970~1980년대에 마이카 시대가 열리며 자동차용 기어측정 장비 수요가 늘어나 크게 성장했다.

이 회사의 기어 측정장비에서 핵심부품은 프로브다. 프로브는 기어 표면에 닿는 침인데, 끝이 얼마나 평평하게 연마되어 있느냐가 측정 정확도를 좌우한다고 한다. 장인들이 일일이 수작업으로 연마하며, 프로브 1대를 만드는 데 10일 이상 걸린다. 대체할 인력이 없어서 해외로 공장 이전도 불가능하다.

이런 상황에서 오사카정밀기계는 일본 내수시장의 80%, 세계시장의 20%를 장악하고 있다. 이와 같이 압도적인 점유율을 확보할 수 있었던 데에는 기술과 함께 시장 특성도 한몫했다.

측정장비는 측정의 정합성이 생명이다. 누가 측정하더라도 같은 측정값이 나와야 한다. 대기업과 중소기업, 대기업 내의 A공장과 B공장이 기어를 사용하는 공정으로 연결되어 있다면, 측정장비도 같은 제품을 쓸 수밖에 없다. 측정값이 같아야 공정이 원활하게 운영되기 때문이다. 따라서 뛰어난 신제품이 개발되어도 네트워크로 묶여 있는 측정장비는 좀처럼 바꾸기 어렵다.

★★★

『손자병법』 구변편에는 '성유소불공城有所不攻'이라는 구절이 있다. '성 중에도 공격하지 말아야 할 성이 있다'는 말이다. 성이 있다고 무턱대고 빼앗으려 들지 말고, 실익을 따져보고 취할지 내버려둘지 신중하게 판단하라는 뜻으로 해석된다.

마음만 먹으면 점령할 수 있지만 버려두어도 좋을 궁벽진 성도 있을 것이고, 탐은 나지만 성채가 견고하고 수비도 탄탄해서 섣불리 공격했다가 큰 손실을 감수해야 하는 요새도 있을 것이다. 프로인트산업의 코팅장비나 오사카정밀의 측정장비는 대기업에는 궁벽진 성이라 버려두는 패였을 것이고, 중소기업에는 접근하기 어려운 요새일 것이다.

그러나 "업業은 30년을 넘지 못한다"라는 격언처럼 변화는 오게 마련이다. 편안한 성에서 안주하며 기술이 진부화하거나, 투석기와 같이 적은 병력으로 성벽을 무너뜨릴 수 있는 와해성 기술이 등장하면 시장은 요동친다. 레이저의 등장으로 측정장비에 더 이상 프로브라는 부품이 필요 없게 되는 것도 그런 상황이다.

일본의 수출규제 3대 품목은 전환비용이 큰 제품들이다. 불산, 포토레지스트, 폴리이미드는 반도체·디스플레이 제조공정에 쓰이는 기능성 화학약품으로, 반도체 수율에 미칠 영향을 가늠하기 어려워 바꾸지 않고 일본산을 써왔다. 거래선 변경은 100년에 한 번 있을 만한 일이라고 말할 정도로 보수적인 시장이다.

하지만 이제는 수출규제로 상황이 변했다. 대기업들도 이 3대 품목을 더 이상 그대로 내버려둘 수 없게 되었고, 비용을 들여서라도 다변화와 자립화를 해야 하는 전략적 요충지가 되었다. 한편 중소기업들에는 기회의 창이 열렸다. 난공불락이던 성문이 열리고, 비집고 들어갈 틈이 생겼다고 볼 수 있다. 이 기회를 잘 살려 국내 기업들이 굳건한 소부장 생태계를 만들 수 있길 바란다.[03]

03 3대 품목의 자립화는 착실히 추진되고 있다. 니혼게이자이 신문(2020년 5월)에 따르면, 2018년 기준으로 매월 2,500~3,500톤 수준을 유지했던 일본산 불화수소의 한국 수출량은 2019년 8월 0을 기록했고, 9월엔 100kg에 그쳤다. 일본 정부가 보류했던 수출허가를 다시 내주면서 수출량도 2019년 10월 896kg, 11월 947kg에 이어 12월엔 794톤으로 증가했으나 예년 수준을 회복하지 못했다.

2019년 스텔라케미파의 에칭가스 출하량은 전기 대비 30% 줄고 순이익도 18% 감소했다. 또 다른 에칭가스 생산업체 모리타 화학공업의 수출물량은 30% 줄었다. 이들의 자리는 솔브레인 등 국내업체들이 대신했다.

6

규제는 기회다

모든 규제는 경제에 나쁜 영향을 끼칠까? 케임브리지대학 장하준 교수는 규제가 경제에서 하는 일은 그렇게 단순하지 않다고 설명한다. 경제에 도움이 되는 규제도 있다.

경제성장에 도움을 주는 규제는 네 가지 유형이 있다.

첫째, 선박 과적규제, 운전자 근무시간 규제처럼 기업에 부담이 되더라도 사회적으로 꼭 필요한 규제다.

둘째, 의약품 안전성과 같이 소비자를 대신해 정부가 규제로 안전한지를 판별해주지 않으면 시장거래가 위축되는 경우다.

셋째, 자동차 산업 진입규제와 같이 기업들이 장기적 안목으로 투자할 수 있게 만들어주는 규제다.

넷째, 환경규제 등 기업들이 눈앞의 이익에 급급해 단체로 제살을 깎아먹지 못하도록 하는 규제다.

규제는 국가경제라는 거시적 측면뿐만 아니라 기업의 성장이라는 미시적 측면에서도 적지 않은 역할을 한다. 이번에는 규제를 기회로 살린 소부장 기업의 사례를 살펴보자.

배기가스 배출규제를 이용하여 성장하다

호리바제작소의 창업자는 교토대학 원자핵물리학 연구자였다. 2차 세계대전 패전으로 일본의 핵물리학 연구가 중단되면서 대학을 떠난 그는 1956년 교토에서 호리바무선연구소를 창업했다.

사업은 순탄치 않았다. 처음에는 콘덴서 양산 공장을 세우려 했으나 한국전쟁이 터지면서 포기하고 궁여지책으로 콘덴서 개발에 사용하는 PH산도 측정장비를 만들기 시작했다. 가격이 싸고 성능도 좋은 장비를 제작하자 곧 팔리기 시작했다. 산도 측정기술을 응용하여 환자들의 호흡측정 장치를 만들면서 중소기업으로 자리를 잡았다.

호리바가 더욱 크게 성장한 것은 환경규제 덕분이다. 1970년대에 대기오염이 심각했던 미국은 대기정화법을 제정하고 자동차 배출가스를 단속하기 시작했다. 이런 상황에서 호리바는 '호흡 측정장비를 자동차 배기가스 측정장비로 사용하면 어떨까?' 하고 착안했고, 이 아이디어는 맞아떨어졌다. 이렇게 자동차 배기가스 측정장비 시장에 일찌감치 진입한 호리바는 성장을 거듭해 자동차 배기가스 측정기 세계시장의 90%를 장악하고, 종업원 5천여 명 규모의 글로벌 기업이 되었다.

현재 호리바는 새로운 도전을 준비하고 있다. 내연자동차가 줄고 전기차, 자율주행차와 같은 미래차가 늘어나게 될 미래에 자동차 배기가스 측정시장은 줄어들 수밖에 없기 때문이다. 이런 미래차 시대에 대비해 호리바는 4.5㎞의 미래차 전용 테스트 코스를 건설하고, 전파암실을 보유한 영국 MIRA 사를 인수하는 등 새로운 자동차 규제에 대비하고 있다.

양조장 사장님의 고민에 힌트, 폐수 전문업체로

1945년 시가현에 창업한 니시무라철공소는 콤팩트디스크 건조기 세계시장을 독점하고 있는 기업이다. 회사명에서 알 수 있듯, 작은 철공소였던 니시무라가 건조기 시장에 진입한 계기는 우연한 만남 덕분이었다. 사가현청이 서로 다른 분야에서 일하는 제조업체 사장들을 초청한 사가현 주최 교류회에 참가했던 니시무라는 한 양조장 사장이 정부 규제로 소주를 만들고 남은 찌꺼기를 더 이상 바다에 버릴 수 없어 고민이라는 말을 듣게 된다.

'폐수 처리장비를 만들어볼까?' 하고 생각한 니시무라는 인근 대학의 도움을 받아 개발에 착수했다. 기존 폐수 처리장비는 원통 드럼에 폐수를 넣고 증발시키는 방식이었는데 에너지를 많이 소비하는 것이 단점이다. 니시무라는 콤팩트디스크라는 부품을 사용해서 에너지 효율을 높였다.

하지만 아이러니하게도 주조장에서는 주문이 거의 들어오지 않았고 대신 자동차, 반도체 등 다른 업종에서 공업용 폐수처리 장비로 사용하게 되었다. 지금은 일본 국내뿐만 아니라 미국, 독일, 중국, 한국 등 해외로 판로를 넓히고 있다.

사카린에서 정밀화학으로

코난화공은 반도체 공장에서 사용하는 화학물질인 포토레지스트 원료를 생산하는 업체다. 포토레지스트는 일본의 3개 수출규제 품목 중 하나로, 코난이 원재료의 90%를 생산한다.

코난은 1952년 도쿄에서 사카린 공장으로 시작했다. 설탕이 부족한 시절이라 사카린은 날개 돋친 듯이 팔렸다. 사카린 한 드럼을 싣고 나가면 빈 드럼에 지폐를 가득 채워 올 정도로 장사가 잘되었다. 하지만 코난은 이후 사카린을 버리고 정밀화학으로 업종을 바꾼다. 미국에 출장을 갔던 사장이, 사카린이 발암물질이라서 판매금지를 할 것이라는 소문을 듣고, 장차 규제할 것을 대비해 정밀화학으로 사업 방향을 틀었던 것이다.

그 뒤로 사카린을 만들던 노하우를 이용해 일본 최초로 파라크레졸, 파라에틸페놀과 같은 화학품을 개발했다. 이 과정에서 축적된 정밀화학 기술력은 포토레지스트에서 빛을 발했다. 포토레지스트는 이물질이 조금이라도 들어가면 반도체 장비의 고장을 일으킨다. 코난은 중국이나 인도의 경쟁기업과 달리 고도의 관리능력을 갖추어 세계시장을 석권했다. 규제를 피해 사카린을 버리고 정밀화학을 택한 덕분이었다.

규제가 세질수록 더 성장한다

독일과 일본은 2차 세계대전 중에 서로 기술교류를 했다고 한다. 당시 독일은 여러 군사기밀을 일본에 전달했는데, 야광도료도 그중 하나였다. 네모토특수화학은 패전 후 야광도료 기술을 활용해 세이코 시계의 문자판을 만들었다. 당시 야광도료 원료는 방사성 물질인 라듐이었다. 방사성 물질이 위험하다는 인식이 없던 시절이었기에, 오히려 진짜 라듐을 사용한다는 것을 홍보하기 위해 시계 문자판 작업을 시작할 때, 방사능 측정을 하고 알람을 울려 지나가는 사람들이 모두 들을 수 있게 했다고 한다.

하지만 비키니 섬 사건으로 상황이 변했다. 태평양에 있는 작은 섬인 비키니 섬에 히로시마에 떨어진 원자폭탄의 1천 배 위력을 가진

수소폭탄이 떨어졌다. 낙진이 1㎝ 이상 쌓이고, 방사능의 영향으로 암환자와 기형아 출산이 늘어났다. 이 사건은 방사능 규제로 이어져, 일본은 방사선장해방지법을 시행했고 야광도료 수요업체들도 1991년까지 방사성 야광도료 퇴출을 선언했다.

네모토는 3년간의 노력 끝에 라듐을 사용하지 않는 야광도료 기술을 개발했다. N야광이라는 이 기술로 기존 도료보다 10배 밝고, 10배 더 오래가는 형광도료를 만들었다. 이후 네모토는 1991년 일본의 노벨상이라 불리는 오코우치 기념상을 수상하며 야광도료 분야에서 독과점적인 지위를 누리게 되었다.

9.11 테러사건 이후 미국은 불특정 다수가 이용하는 시설의 비상계단에 형광 표시판 설치를 의무화했다. 동일본대지진 이후 일본의 지방자치단체들도 피난장소에 형광 표시를 의무화했다. 스위스는 산악철도 사고 이후 터널 내에 형광 표시를 의무화했다.

규제를 극복하고 규제의 도움을 받은 네모토는 큰 사건이 발생하고 규제가 세질수록 더욱 성장하며 네모토센서엔지니어링, 네모토사이언스, TN테크노스와 해외 8개 공장을 보유한 네모토그룹으로 발전했다.

★★★

규제는 기회다. 그러나 기회를 살리는 방법은 업체마다 달랐다. 호리바는 배출규제를 새로운 사업을 시작할 기회로 살렸고, 코난은 규제를 피해 업종을 과감히 바꾸었다. 네모토는 규제를 기술로 극복하며 경쟁자들이 들어올 수 없도록 진입장벽을 높였다.

일본의 전략물자 3개 품목 수출규제 역시 기회가 될 수 있다. 대기업은 다변화를, 중소기업은 자립화를 꾀할 찬스다.

7

승부처는 화학산업이다

소재산업은 일본 제조업의 중심 산업이다. 제조업 전체 생산의 18%, 고용의 17%를 차지하며, 부가가치의 21%를 만들어낸다. 소재산업 중에서도 화학[04]산업은 업체 수의 60%, 고용의 70%, 부가가치액의 77%를 차지하는 주력산업이다. 또한 일본 소재산업은 화학산업이라고 봐도 무방할 정도로, 일본 경제에서 화학산업의 비중은 크고 중요하다.

화학산업은 기초 범용 화학과 기능성 화학으로 나눌 수 있다. 기초 범용 화학제품은 대량생산체제로 마진율이 낮고 경기에 민감한 특징을 가지고 있다. 반면에 기능성 화학은 접착제, 촉매, 코팅, 플라

04 화학(Chemistry)의 어원은 연금술(Alchemy)에서 비롯되었다고 한다. 화학의 특성은 연금술과 같이 불필요한 물질에서 가치 있는 물질을 만들어내는 데 있다. 석유화학은 원유에서 휘발유 등을 빼내고 나서 남은 납사를 크래킹해서 에틸렌 등을 생산한다. 석탄화학은 석탄에서 코크스를 빼내고 남은 타르에서 시작한다. 근대화학의 기초가 된 암모니아는 공기 중에서 공짜로 얻을 수 있는 질소를 수소와 반응시켜 생산한다.

일본 화학산업 위상 자료: 일본 경제산업성, 일본화학산업협회

구분	제조업 전체	소재산업	화학산업
업체 수	20만 2천 개	3만 4천 개	5천 개
고용	740만 명	120만 명	92만 명
생산	305조 엔	56조 엔	44조 엔
부가가치액	92.2조 엔	19.6조 엔	17.3조 엔

스틱 첨가제 등 특수목적용 화학제품으로 다품종 소량생산, 높은 이익 마진을 특징으로 한다.

일본이 강점을 지닌 분야는 기능성 화학 분야다. 일본의 경제산업성이 자국의 화학업체 18개 사를 조사한 결과에 따르면, 일본 화학업체의 매출은 기초 범용과 기능성 화학이 절반씩을 차지하지만 영업이익은 기능성 화학이 2배 이상 높다. 액정 디스플레이 분야의 경우 완제품에서는 존재감이 약해지고 있지만 필름, 유리기판, 편광판 등 기능성 화학제품에서는 50% 이상의 압도적인 시장점유율을 유지하고 있다.

일본 화학업계 분야별 매출 자료: 일본 경제산업성, 일본화학업체(18개 사 합계)

구분	기초 범용 석유화학	기능성 화학	기타
매출액	6조 2천억 엔	6조 6천억 엔	5조 엔
영업이익	3천억 엔	7천억 엔	5천억 엔

기능성 화학 주요품목 일본 기업 시장점유율 자료: 일본 경제산업성

구분	품목	점유율	일본업체	경쟁업체
액정 디스 플레이	TAC필름	100	후지필름, 코니카미노루타	-
	유리기판	50	아사히초자, 일본전기초자	코팅(미), CPM(한)
	편광판	60	닛토덴코, 스미토모화학	LG화학(한), CMMT(중)
	플렉스 레지스트	70	도쿄오카, 미쓰비시화학	삼성SDI(한), 치메이(중)
	칼라레지스트	70	JSR, 스미토모화학	LG화학(한), 삼성SDI(한)
2차 전지	양극재	30	니치아화학, 스미토모금속광산	유미코아(유럽), L&F(한)
	음극재	50	히타치화성, 미쓰비시화학	BTR(중), 산산(중)
	분리막	50	아사히카세이, 도레이	SK이노베이션(한)
	전해액	40	미쓰비시화학, 우베흥산	BASF(독)

1980~1990년대에는 전자와 자동차, 전차가 경제성장을 견인했다. 그러나 한국과 중국의 약진과 함께 일본의 전자산업이 하향 궤적을 그리면서, 일본의 화학산업은 전자산업을 뒤로하고 자동차에 이은 2대 산업으로 부상했다.

일본의 화학산업 의존도가 커지는 이유

앞으로 일본 경제에서 화학산업은 더욱 더 중요해질 것이다. 1990년대부터 화학산업의 중요성을 설파해온 이타미 히로유키 도쿄대학교

이과대학 교수의 분석을 살펴보자.

이타미 히로유키 교수는 1980년대 일본의 고도성장은 다양한 산업의 생산공정과 제품에 전자기술을 접목하는 '산업의 전자화'에 잘 대응했기 때문이라고 설명한다. 그리고 앞으로는 화학기술이나 제품이 기존의 기술이나 제품을 대체하는 '산업의 화학화'에 누가 더 잘 적응하느냐에 따라 산업 주도권의 향배가 결정된다고 주장한다. 항공기 소재가 금속에서 탄소섬유로 바뀌고, 수소와 산소의 화학반응으로 전기를 생산하는 연료전지 자동차를 타고, 필터·도광판 등 화학제품을 탑재한 디스플레이를 사용하는 시대에는 기능성 화학제품의 경쟁력이 일국의 산업 경쟁력을 좌우한다는 말이다.

일본 화학산업의 위상은 경제 단체장 인사人事에서도 엿볼 수 있다. 2014년 스미토모화학 출신 요네쿠라 일본경제단체연합회경단련 회장이 물러나고, 같은 화학업계 출신인 도레이의 사카키바라 회장이 바통을 이어받았다. 일본 경제단체의 또 다른 한 축인 경제동우회는 대기업 미쓰비시화학의 고바야시 회장2019년이 취임했다. 이는 일본 재계의 파워가 자동차와 전자산업 중심에서 화학산업으로 이동하고 있는 것을 단적으로 보여준다.

일본 경제산업성도 업계의 움직임에 보조를 맞추고 있다. 2013년 기능성 화학 경쟁력 강화를 위한 연구회를 발족한 데 이어, 2019년에는 화학과를 연관 품목과 묶어 소재산업과로 확대 개편했다.

★★★

일본 경제에서 화학산업에 대한 의존도가 커지는 시점에 불산가스, 포토레지스트, 폴리이미드와 같은 기능성 화학제품의 수출을 규제한 것이 우연일까? 어떤 의도가 있었는지 알 수 없지만, 기능성 화학산업이 일본 산업의 마지막 보루이자 양보할 수 없는 마지노선임에는 틀림없다. 한국으로서도 언젠가는 넘어야 할 산인 만큼 양국 간 경쟁은 더욱 치열해질 것이다.

잠깐

전문화 속의 다각화

하나에 집중하는 전문화와 여러 사업을 동시에 가져가는 다각화. 둘은 완전히 달라 보이지만, 성공한 소부장 중소기업들은 자신이 강점을 가진 전문분야에 특화하면서도 다양한 분야로 사업영역을 넓혀가며 전문화 속의 다각화 전략을 구사한다. 여러 제품과 업종에 쓰이는 기능성 화학업종에서 전문화 속의 다각화를 추진하는 업체들이 많다.

이황화탄소 전문화 속의 다각화 전략

2차 세계대전 패전 후 미군정은 군수산업을 대신해서 섬유산업을 장려했다. 일본의 지중해라 불리는 세토나이해 주변이 일본 섬유산업의 집적지가 되었으며 신소재로 인기가 있었던 레이온 공장들이 이

곳에 들어섰다.

시코쿠화성공업은 1947년부터 레이온 원료인 이황화탄소를 공급했다. 일본 섬유산업은 신흥국에 자리를 내주었지만, 시코쿠화성은 이황화탄소에 대한 전문성을 살려 생존할 수 있었고, 고무에 탄력성을 더하는 불용성 유황 소재를 개발하여 타이어 원료뮤크론 세계 2위에 올랐다. 또 이황화탄소로 부식을 방지하는 기능성 화학제품을 만들어 전자회로기판 방청성 약제 분야에서는 세계 1위를 기록하고 있다. 이황화탄소 외길을 걸어온 시코쿠화성은 직원 974명의 탄탄한 중견기업으로 성장했다.

내열수지 전문화로 스토브, 오토바이, 로켓 발사대까지

오키츠모는 1945년 미에현 나바리시에서 창업했다. 나바리시는 오사카에서 80㎞, 나고야에서 100㎞, 도쿄에서 450㎞ 떨어진 작은 도시다. 대도시의 수요처로부터 멀리 떨어진 곳에 공장을 세워 영업에는 불리했지만, 기술과 아이디어로 소재를 개발해서 고객에게 인정받기 위해 노력했다고 한다.

오키츠모는 1957년 일본 최초로 주물 스토브용 실리콘수지 내열도료를 개발한 이후 내열도료에 특화했다. 내열도료 성능 향상과 수요처 확대를 끊임없이 추진했는데, 750℃를 견딜 수 있는 오토바이용 머플러 도료를 개발했고, 3,000°C로 성능을 향상시켜 일본 우주항공연구개발기구에 로켓발사대 도료를 납품했다. 최근에는 전자회로기판용 방열도료를 개발해 전자산업 분야로 영역을 확장하는 등 전문화 속의 다각화를 계속해서 추진하고 있다.

수산화니켈로 비디오카메라용 배터리부터 2차전지까지

다나카화학연구소는 1957년 효고현에서 출발한 펠라이트용 탄산 망간업체였다. 1973년 수산화니켈[05]을 수입 판매한 것을 인연으로 1980년대 소니의 의뢰로 비디오카메라용 배터리 소재를 개발하는 등 수산화니켈 전문업체로 성장했다.

작지만 오래가는 배터리를 만들기 위해 배터리의 소재인 수산화니켈을 기존의 불규칙한 형태에서 구슬 모양전구체으로 만들고, 좁은 공간에 전기를 저장할 수 있는 전구체를 집적해 배터리의 성능을 획기적으로 향상시켰다. 다나카가 개발한 전구체는 2차전지 양극재의 원료로 전체 원가의 40%를 차지하며, 배터리 가격과 성능을 결정짓는 핵심 소재다.

05 수산화니켈은 니켈염 수용액에 수산화 알칼리를 더한 녹색의 무기화합물로, 수소전기차 및 전기차용 2차전지의 양극활성물질 및 첨가제 원료로 쓰인다. 대일 수입 의존도는 98%다(2018년 기준).

40년이 지난 현재도 전구체를 만들 수 있는 업체는 많지 않은데 다나카화학은 1986년 니켈카드뮴전지용, 1991년 니켈수소전지용, 1995년 리튬이온전지용, 1997년 고용량형 등 수산화니켈의 적용 분야를 넓혀왔다. 2000년에 도쿄증권거래소에 상장한 다나카화학은 2003년부터는 2차전지 양극재도 양산하고 있다.

8

일본은 우군을 잃었을지도 모른다

한국 경제를 연구하는 일본인은 많지 않다. 한국의 대중문화나 음식에 관심 있는 일반인은 늘어나고 있지만, 한국 경제 연구자는 줄어드는 추세다. 일본에서 한국 경제 연구는 신흥국 연구의 한 갈래로 여겨졌으며, 식민지배 시기 동양척식주식회사에 뿌리를 두고 있는 아시아경제연구소가 꾸준히 연구하고 있다. 이 연구소의 한국 경제 전문가인 아베 마코토의 「한국경제 연구-일본과의 간극으로부터의 변화하는 인식」을 통해 일본의 한국 경제에 대한 연구 흐름을 개략적으로 살펴볼 수 있다.

일본의 한국 경제 연구자들이 간과한 것

아베 마코토에 따르면, 1970~1980년대는 일본의 한국 연구가 가장 왕성했던 시기였다. 가장 유력한 연구자는 한국 경제의 압축 성장론을 주장했던 와타나베 도시오渡辺利夫다.

그의 뒤를 이어 핫토리 다미오服部民夫는 한일 양국 경제의 비교 연구에 집중했다. 그는 한국이 숙련이 필요한 가공형 기술이 아니라 조립기술만 받아들이고 있기 때문에, 일본으로부터의 소재부품 수입이 늘어난다고 지적했다. 또한 일본은 제조 부문과 기술 부문 간 수평적 협력으로 기업 경쟁력이 높아지고 있는 반면, 한국은 대졸 출신 엔지니어 중심의 기술 부문이 고졸 중심의 제조 부문과 협력하지 않는 수직적 문화로 성장을 저해하고 있다고 주장했다.

1990년대에 한국의 1인당 국민소득이 1만 달러를 넘어선 반면 일본은 '잃어버린 20년'에 들어서면서 일본의 한국 경제 연구는 한국 기업의 성공요인을 찾는 방향으로 전환한다.

요시오카 히데미吉岡永美는 반도체 분야에서 한국이 일본을 추월한 원인을 연구했다. 1980년대에 한국이 PC 시장을 타깃으로 한 DRAM에 집중한 데 비해, 일본은 기존 메인 프레임 시장에 머문 것이 패착이었다고 분석했다. 1980년대 핫토리의 분석과 달리, 개발 및 생산체제도 한국이 일본보다 수평적이고 협력적이었다는 의견을 피력했다.

1997년 외환위기 이후에는 한국 경제의 V자 회복에 관심이 집중되었다. 다카야스 유이치高安雄一는 한국이 외환위기 이후 개혁을 철저히 해서 빠르게 회복했던 것이 아니라, 역으로 경제성장을 했기 때문에 개혁도 가능했다는 논리를 폈다. 그의 주장은 당시 일본 정부의 "개혁 없이 성장 없다"라는 슬로건에 대한 반박이었다.

일본인의 한국 경제에 대한 이런 연구결과가 타당한지의 여부를 떠나 아쉬운 부분이 있다. 한국전쟁 특수[06]를 제외하고는 일본 경제의 성장에 영향을 끼친 한국의 역할이나 상호협력에 대한 연구가 부족하다는 점이다.

한국 대기업, 일본 소부장의 혁신적 조달처였다

일본의 소부장 기업을 조사하면서 새롭게 알게 된 사실은, 일본 경제가 고도성장을 하고 있던 1980년대부터 한국 대기업들이 일본에서 소외된 소부장 업체들과 거래를 시작하면서 국제 공급망을 구축했

06 일본 경제는 패전 직후, 생산 감소와 인플레이션으로 혼란한 상황이었다. 1949년 미국 특사(디트로이트은행장 닷지)의 강력한 억제책으로 인플레이션을 관리했으나 불황이 계속되었다.

이때 한국전쟁이 일어났다. 광공업 생산은 1951년 35%, 1952년 10%, 1953년 22% 성장했으며, 1951년에는 2차 세계대전 이전 수준을 회복했다. 실질GNP와 개인소비도 1953년에는 전쟁 전 수준을 돌파했다.

일본의 한국전쟁 특수는 약 70%가 군수조달 물자로 마대, 군용모포, 트럭, 항공기용 탱크, 포탄 등이었고, 1951년 휴전회담 개시 이후에는 철강, 시멘트 등 부흥물자 조달이 늘어났다. 트럭, 전차, 함정수리, 기지 건설 및 정비, 수송통신 등이 서비스 수요의 절반 정도를 차지했다. 전체 조달액은 3년간 10억 달러를 넘었다. 일본 주둔 장교들의 소비와 외국 관계기관으로부터의 발주 등 간접소비까지 포함하면, 일본의 한국전쟁 특수는 1953년까지 24억 달러, 1955년까지 36억 달러에 달했다.

1950년대 일본의 1년 평균 수출액이 10억 달러에 불과했다는 것을 감안하면, 일본의 한국전쟁 특수가 얼마나 큰 규모였는지 짐작할 수 있을 것이다(가츠오 시바가키, 1989년).

고, 일본 소부장 후발주자들의 글로벌화에 많은 영향을 주었다는 것이다.

1990년대 이후 한국은 자동차, 조선, 반도체 분야에서 일본과 공급망을 공유하며 보완적인 발전을 해왔다. 2000년대 들어서는 제3국에서의 자원개발, 인프라, 산업단지 공단 건설 등의 프로젝트에서 한일 양국이 협력해왔다. 수요처를 찾아 한국에 투자한 일본 기업은 안정된 비즈니스 환경에서 큰 수익을 내고 있다. 일본무역진흥기구JETRO의 조사에 따르면 한국에 진출한 일본 기업의 79.1%가 흑자를 내고 있고, 이는 해외에 진출한 일본 기업의 평균68.1%을 상회하는 최고 수준이다대만 80.9%, 호주 79.9%에 이어 3위.

위기에서 빛을 발하다: 대우전자–스타엔지니어링

1980년대 초반에 대우전자는 가전용 모터 협력업체를 찾고 있었다. 사장이 직접 도쿄로 건너가 마쓰시타, 산요, 캐논 등 일본 대기업을 만나 협력을 요청했으나 거절당했다. 세계 최고를 달리던 그들에게 대우전자는 안중에 없었다.

그러다 히타치의 협력업체 중에 2년 전에 창업한 스타엔지니어링을 소개받게 되었다. 작은 공장을 방문한 대우전자 사장은 "스타엔지니어링은 자본이 없지요? 대우는 기술이 없습니다. 우리 둘이 힘을 합치면 최고의 물건을 만들 수 있습니다"라며 즉석에서 합작을 제안했다고 한다. 그리고 이 둘은 1987년 한국에 코리아스타엔지니어링이라는 합작회사를 설립했다.

대우와의 협력은 세 가지 이점이 있었다.

첫째, 한국 합작법인 수익으로 창업 초기의 재정부족 문제를 해결할 수 있었다.

둘째, 계열 거래에서 벗어날 수 있었다. 당시 일본은 계열사 간 거래가 원칙이었기 때문에 히타치 외에 다른 대기업과 거래한다는 것은 어려웠다. 그러나 히타치는 대우를 경쟁상대로 여기지 않았기 때문에 스타엔지니어링과의 거래가 가능했다.

셋째, 글로벌화 기회를 잡았다. 스타엔지니어링은 해외생산이 활발하지 않았던 1980년대에 한국 진출을 통해 기술은 국내, 생산은 해외라는 분업체제를 구축했다. 그리고 한국에서 쌓은 노하우를 이용해 이후 태국으로 생산기지를 이전했다.

대우와의 거래는 위기에서 더욱 빛을 발했다. 1990년대 들어 히타치제작소는 해외로 생산을 이전하면서 국내 인력을 활용하기 위해 기존에 외주를 주었던 부품을 자체 제작했다. 그 과정에서 협력업체에 발주량을 줄였고, 제공했던 장비도 회수해 갔다. 그때까지 히타치에만 의존했던 많은 협력업체들은 문을 닫았지만, 스타엔지니어링은 대우와의 협력 경험을 살려 장비를 자체 개발했고 알프스전기와 소니에 디스크용 모터를 납품하며 자립화의 길을 걸을 수 있었다.

20명 소기업에서 글로벌 중견기업으로 삼성전자-니토쿠엔지니어링

니토쿠엔지니어링은 1972년 20명의 작은 규모로 시작한 코일 권선 업체다. 코일은 전류의 안정과 전압의 변화를 조정하는 전자제품의 필수 부품이며, 코일에 감는 선재의 종류나 감는 방법에 따라 기능과 성능이 달라지기 때문에 정밀한 제조능력이 필요하다.

니토쿠는 1970년대에 자동차, TV, 냉장고 등의 보급으로 모터 수요가 늘어나면서 모터 코일을 감는 권선 분야에 진입했다. 후발주자로서 일본 내에서는 일감이 부족했던 니토쿠는 브라운관 TV시장에 진입한 삼성전자에 코일을 납품하기 시작했다. 다른 코일 업체들이 내수에 안주하고 있을 때 한국을 시작으로 대만, 싱가포르, 말레이시아, 태국, 중국으로 차례차례 시장을 넓혀간 것이다.

삼성과의 거래를 계기로 글로벌화에 눈뜬 니토쿠는 소수의 글로벌 대기업과 파트너를 맺어 고객의 제품이 최고가 되도록 돕는다는 전략을 세웠고, 현지인을 교육해서 현장에 배치하는 등 현지화 서비스를 제공하며 글로벌화에 앞장섰다.

이처럼 글로벌화에 앞섰던 니토쿠는 매출의 70%를 해외에서 벌어들이는 글로벌 중견기업직원 수 557명으로 성장했고, 니토쿠의 한국

직원들은 "일할 때 눈빛이 다르다"라는 평가를 받으며, 지금도 니토쿠에 활기를 불어넣고 있다.

한국 반도체 대기업-다이이치시설공업

엘리베이터 보수 하청업체였던 다이이치는 견적서를 살펴보지도 않고 가격인하를 요구하는 수요업체로부터 벗어나기 위해 직접 엘리베이터 제작에 뛰어들었다. 분당 120m를 이동당시 평균은 25m 하는 고속 엘리베이터를 마쓰시타에 납품하며 두각을 나타냈고, 1991년에는 소니 반도체 공장 클린룸용 엘리베이터를 개발하여 반도체 수송장치에도 발을 디뎠다.

다이이치의 성장을 견인한 제품은 비접촉 반송장치였다. 당시 반도체 웨이퍼는 클린룸에서 롤러를 이용해 이동시켰는데, 이동 중 오염이 발생해 반도체 수율을 떨어뜨렸다. 다이이치는 이동장치에 세라믹 노즐을 달고 미세한 구멍으로 강한 바람을 불어넣어 웨이퍼를 띄운 상태에서 이동시키는 비접촉 반송장치를 개발해 세계시장의 80%를 장악했다.

2012년 다이이치는 비접촉 반송장비 공장을 전부 한국으로 이전하겠다고 발표했다. 일부 네티즌으로부터 매국노일본어로 비국민, 非国民라는 비판을 받으면서도 한국 이전을 결심한 배경은 국제입찰 실패 때문이었다.

다이이치는 한국 대기업이 발주한 프로젝트에 원가 수준인 5천만 엔에 입찰을 넣었지만 이보다 10%나 낮은 4,500만 엔을 제시한 한국의 경쟁사가 낙찰받았다. 한국 업체가 출혈경쟁을 한 것으로 생각했으나, 한국과 일본의 조세, 인건비, 인프라 등 제반 비용을 따져보니 경쟁업체의 원가가 20%나 낮았다. 다이이치의 원가보다 10% 낮은 가격으로도 10%의 이익을 더 내고 있었던 것이다. 이런 상황에서 결정된 다이이치의 한국행은 경쟁에 밀려 파산하느냐, 아니면 끝까지 생존하느냐가 걸린 놀라운 결단이었다.

★★★

한국의 대기업들은 스타엔지니어링과 같은 일본 소부장 중소기업이 하청에서 벗어나 자립화하는 과정을 함께한 동반자였다. 니토쿠와 같은 후발주자들이 경쟁자들보다 먼저 글로벌화에 나설 수 있도록 지원해준 파트너였으며, 다이이치와 같은 첨단기업의 최대 수요처였다. 그러나 이러한 혁신적 조달자로서의 한국 대기업의 역할은 일본 사회에 잘 알려져 있지 않다.

일본 학계가 한국의 경제성장에 영향을 준 일본의 역할뿐만 아니라 일본의 경제에서 한국이 담당했던 역할에 대해서도 균형 있게 조명했더라면, 전략물자 수출규제라는 불행은 피할 수 있었을지도 모른다. 이번 일로 일본 소부장 기업들은 한국 대기업이라는 든든한 원군을 잃게 된 것은 아닐까?

핵심 메시지

• 일본의 수출규제는 한일 양국 간에 오랜 시간 유지되어온 분업구조에 구조적 변화를 일으킬 일대 사건임에 틀림없다.

• 동일본대지진 이후 일본 대기업들이 그랬듯이, 일본의 수출규제는 한국 대기업들의 소부장 구매 관행에 큰 변화를 가져올 것이며, 소부장 분야에서 한일 역학관계를 바꿀 계기가 될 것이다.

• 일본 소부장 기업들은 수출규제로 인해 오랜 기간 누려온 선발자로서의 이익을 내려놓아야 하고, 한국의 소부장 중소기업들과 치열한 경쟁상황에 놓일 것이다.

• 산업 트렌드 변화: 산업의 전자화1980~1990년대 → 산업의 화학화2000년대 이후

• 화학산업, 특히 기능성 화학산업이 한일 양국 소부장 경쟁의 승부

처가 될 것이다.

• 화학산업과 공작기계 사례에서 알 수 있듯이, 국가 간 주도권의 변화는 급격하게 일어난다. 4차 산업혁명은 한국이 일본을 추격하는 것을 넘어 추월할 수 있는 기회의 창을 열어줄 것이다.

∴ 일본의 수출규제는 한국에게는 기회이고, 일본에게는 위기다. 자신감을 갖고 우리의 잠재력을 최대한 활용한다면 소부장 산업의 주도권을 가져올 수 있다.

PART 3

일본의 성공과 실패에서 뽑은 11가지 교훈

완제품·미국·대기업이 아닌
소부장·일본·중소기업 사례를 중심으로

소부장 산업은 완제품과는 여러모로 다르다. 완제품은 최종 소비자에게 판매하지만, 소부장은 주로 기업 간 거래를 한다. 제품의 수명주기가 상대적으로 길고, 한번 거래를 하면 잘 바꾸지 않는다. 대량 생산체제보다는 다품종 소량 생산체제인 경우가 많으며, 큰 매출을 노리기보다는 작은 시장에서 큰 점유율을 차지하는 경영전략을 주로 구사한다. 또한 소부장은 완제품의 경쟁력을 좌우하며, 끊임없는 기술혁신을 추구한다.

시중에는 산업정책이나 경영전략에 관한 방침서들이 많다. 그러나 대부분의 경영전략 관련 서적들은 완제품, 미국, 대기업의 사례에 주로 초점이 맞추어져 있다. 최근 이 분야에서 플랫폼 경제 등의 혁신 활동들이 많이 나타나고 있기 때문일 것이다. 하지만 그렇다 보니 소부장 분야에서 일하는 정책결정자들이나 경영자들이 활용할 수 있는 내용은 상대적으로 적은 편이다.

3장에서는 460여 개 일본 업체들의 성공과 실패 스토리로부터 소부장 정책과 경영에 도움이 될 만한 내용들을 추출해서 전략, 창업, 기술, 위기관리, 협력, 고객관리 등 11개의 주제로 나누어 묶었다. 여기에 다 담지 못한 개별적인 기업경영 사례들은 부록의 '소부장 경영노트'에서 볼 수 있다.

1

틈새, 틈새, 틈새

'니치 마케팅'의 니치Niche란 사전적으로 틈새, 벽감벽에 움푹 들어간 부분, 아주 편안한 자리를 의미한다. 시장을 세분화Segmentation하고, 표적시장을 선정Targeting한 후에 제품의 위상을 정립Positioning하는 경영학의 STP 방법론에서 니치 마케팅은 T표적시장 선정에 해당하며, 남들이 미처 알지 못하는 시장, 또는 다른 사람들이 알고 있더라도 아직 공략이 제대로 안 된 시장을 찾아내는 것을 말한다.

숨은 유망시장을 찾아낸다는 점에서 니치 마케팅과 블루오션 전략은 비슷하지만, 니치는 시장 세분화로 숨겨진 작은 시장을 강조하는 반면, 블루오션은 구매자 간의 공통점에서 거대수요를 찾아낸다는 차이점이 있다. 자원이 부족한 작은 기업들은 큰 시장에서 작은 점유율을 누리기보다는 니치 마케팅으로 하나 혹은 소수의 시장에서 높은 시장점유율을 누릴 수 있다.

니치 마케팅으로 성공한 기업들

소비재 분야B2C의 니치 마케팅 성공사례는 잘 알려져 있다. 여성 중심의 미용실과 중장년 남성 중심의 이발소에서 모두 소외된 젊은 남성들을 타깃으로 한 블루클럽, '비행기보다는 저렴하고 버스보다는 빠르게'를 모토로 저가항공 시장을 연 사우스웨스트 항공사, 블록 장난감 대기업 레고가 놓치고 있던 밀리터리 블록 장남감 시장을 개척한 옥스포드, 어른들을 위한 아이스크림으로 프리미엄 아이스크림 시장을 이끌고 있는 하겐다즈, 뛰어난 냉장고보다는 이전과 다른 냉장고를 선보인 김치냉장고 딤채, 등산복 시장에서 소외된 청년과 여성에 주목해 초경량 등산화 등 화이트라벨을 런칭한 노스페이스 등이 모두 그 사례이다.

한편 잘 알려져 있지 않지만 일본의 소부장 기업B2B들 중에도 니치 마케팅을 활용한 기업들이 많다.

1922년 텐트 업체로 출발한 타이요공업은 아무도 손대지 않은 돔구장의 돔에 특화해서 도쿄 돔구장, 런던 히드로 공항, 사우디아라비아 성지 메디나에 돔을 납품하며 세계 1위에 올랐다.

아크릴 기술을 가지고 화학업체에서 분사한 닛프라돔1965년 창업은 초대형 수족관 아크릴패널이라는 새로운 시장을 만들어 마카오 레저랜드 수족관세계 최대 39.6m, 미국 몬트레이 수족관, 오키나와 츄라

우미 수족관 등 거대 수족관 시장을 장악했다.

와테크는 루브르 박물관, 버킹엄 궁전, NASA, FBI 등 강력한 보안이 필요한 고객들을 찾아내서 1980년대부터 초소형 CCTV 카메라의 강자로 군림하고 있다. 야마모토공구연구소는 항공기 금속 피로시험에서 기준점을 잡기 위해 사용하는 공업용강도기준편이라는 측정장비 시장을 찾아내서 세계시장을 독점하고 있다.

아크로나이넨은 경쟁업체들이 자동차 시장에 집중할 때 농기계로 눈을 돌려 클러치, 피스톤, 브레이크 등 농기계 부품시장을 개척했다. 기슈기연은 인쇄업체와 기계업체가 서로 자기 영역이 아니라며 비워두었던 포장 인쇄장치 시장을 찾아냈고, ㈜ 엔지니어는 녹슨 나사를 쉽게 뽑아낼 수 있는 펜치라는 틈새시장을 찾아내 공구시장의 새로운 강자로 성장했다.

니치 전략, 이런 점에 주의하라

니치 전략은 소부장 기업에게 적합한 전략이지만, 항상 효과를 발휘하는 것은 아니다. 연기가 나지 않는 무연담배, 투명한 콜라 크리스탈 펩시의 실패에서 알 수 있듯이, 소수의 고객이 원하는 바를 추구하다 보면 오히려 대중적인 수요를 잃게 될 수 있다. 또, 니치 전략을 고려하는 기업들은 낮은 원가나 고도의 차별화 등 자사의 포지셔닝을 뒷받침할 수 있는 실력을 갖추어야 한다.

타이요공업이 돔으로 세계 1위에 오를 수 있었던 것은 지지대 없이 얇은 막0.8㎜을 기압 차로 띄워 돔을 설치하는 기술, 자외선과 돔의 수지가 만나 유기물을 분해하는 셀프 클리닝 기술, 유리섬유에 불소수지를 입혀 빛을 통과시키거나 빛을 흡수했다가 어두워지면 발광하는 특수섬유 기술이 있었기 때문이다.

닛프라도 한 명이 처음부터 끝까지 현장을 책임지고 완성하는 멀티플레이형 기술자와 몬트레이 수족관 개관 기념식을 활용한 입소문 마케팅 능력이 없었다면 거대 수족관 시장의 강자가 될 수 없었다. 또 기포가 생겨 부적합하다고 알려진 생산방식다이캐스트을 농기계 피스톤 생산에 접목하여 대량생산체제를 만들지 못했다면 아크로나이넨의 농기계 분야 니치 마케팅은 성립할 수 없었다. 기본의 중요성은 아무리 강조해도 지나치지 않다.

히든 챔피언 & 글로벌 틈새 1등 기업 100

니치 전략을 활용하는 작은 기업에 주목한 대표적인 연구자는 『히든 챔피언』으로 잘 알려진 헤르만 지몬이다. 그는 "중소중견기업으로 지방도시에 본사가 있고, 기업 역사가 길며, 틈새시장에서 높은 세계시장 점유율을 보유하고, 매출액의 절반 이상을 수출하는 기업"을 히든 챔피언이라고 정의했다.

'히든 챔피언'의 영향을 받아 일본 경제산업성은 2014년 세계

일본 글로벌 틈새 1등 기업 100(GNT 100) 개요 자료: 일본 경제산업성

구분	대기업	중견기업	중소기업	계
기계/가공	2	8	42	52
소재/화학	1	10	9	20
전기/전자	1	4	10	15
소비재/기타	2	3	8	13
계	6	25	69	100

일본 글로벌 틈새 1등 기업 100(GNT 100)의 평균적인 모습 자료: 일본 경제산업성

구분	내용	비고
종업원 수	1,110명	–
매출액	407억 4,200만 엔	–
영업이익률	11.4%	제조업 7.0%, 중소기업 5.0%
연구개발비	15억 9,700만 엔	–
매출액 대비 연구개발비	3.5%	대기업 평균 2.9%
세계시장 점유율	14.6%	–
해외 매출액	240억 8,100만 엔	수출기업 평균 30.3%
해외 매출액 비중	44.7%	–
판매국	29.4개	–
해외 거점국	5.1개	–

시장 점유율이 20% 이상인 대기업, 또는 10% 이상인 중소중견기업 중에서 실적이 우수한 100개를 글로벌 틈새 1등 기업 100으로 선정했다. 이들은 대부분 소부장 기업들이며 소비재 및 기타 13개 제외, 영업이익률은 11.4%로 일본 제조업 평균 7.0%를 상회하고, 매출의 45%를 수출한다. 일본은 글로벌 틈새 1등 기업을 육성하기 위해 연구개발 일본산업기술종합연구소, 생산설비, 판로개척 일본무역진흥기구, JETRO, 금융대출 일본상공조합중앙금고 등을 패키지로 지원하고 있다.

★★★

우리나라도 일본의 글로벌 틈새 1등 기업 100에 못지않게 소부장 전문기업 육성에 박차를 가하고 있다. 정부는 2002년부터 '소재부품 전문기업 등의 육성에 관한 특별조치법'에 따라 소부장 전문기업을 선정하고 있으며, 인력 산업기능요원, 금융 한국은행 금융중개대출, 기술개발 소재부품기술개발사업 등을 종합 지원해왔다. 일본의 수출규제 이후에는 산업 밸류체인에 필수적인 핵심 전략 기술 분야에 잠재역량을 가진 기업을 선정하여 지원을 좀 더 강화할 계획이다. 일본의 글로벌 틈새 1등 기업 100과 한국의 소부장 특화 선도기업 100 사이의 건전한 경쟁과 협력이 기대된다.

2

끊임없이 혁신하라 _뿌리산업

뿌리산업은 금속, 플라스틱, 세라믹 등과 같은 소재에 주조, 열처리 등의 방법으로 형상을 부여해서 조립산업에 부품을 공급하는 산업이다. 우리나라에서는 제조업의 기반이라는 의미에서 '뿌리산업'이라고 부르고 있으며, 일본에서는 '소형재 산업'이라고 한다.

일본 소형재 산업의 규모2010년는 생산 8조 엔, 업체 수 3만 6천 개, 종업원 수 43만 명이다. 생산액은 제조업 전체305조 엔의 3%로 작은 편이나 업체 수의 15%, 일자리의 5%를 담당하는 중요산업이며, 타 제조업의 기반산업Supporting Industry의 역할을 해왔다.

아연합금 분야에서 세계시장의 30%를 차지하고 있는 호리오제작소는 1천 분의 1㎜ 단위의 다이캐스트를 만들어 자동차 부품산업을 뒷받침했다. 미크론 단위의 원모양 가공을 하는 미크론정밀은 신칸센 베어링과 디젤엔진 연료분사 장치를 담당했다. 미세용접 기술에 특화한 하이메카는 노트북과 휴대폰에 장착되는 콘덴서 300억 개 중 4분의 3을 만들었다. 고도의 연마기술로 반사율 99%가 넘는 알루미늄 반사거울을 만든 키시로광과학은 복사기 업체를 지원했으며, 또다른 연마기술 전문 기업인 나카시마프로펠러는 10분의 1㎜ 오차의 연마기술로 대형선박의 프로펠러 10개 중 3개를 만들고 있다.

일본 소형재 산업은 1990년 정점을 지난 이후 위축된 모습을 보이고 있는데, 20년간1990~2010년 업체 수는 최고 50%, 종업원 수는 최대 35% 감소했다.[01] 대부분의 소형재 기업은 평균 매출 5억 엔, 20여

일본 소형재 산업 자료: 일본 경제산업성(2016), 일본화학산업협회(2017)

8대 분야	업체 수	생산	고용	평균 생산/고용
주조	2,246개	1조 164억 엔	50,700명	5억 엔, 23명
금형	9,662개	1조 1,210억 엔	91,156명	1억 엔, 9명
단조	794개	5,220억 엔	18,352명	7억 엔, 23명
다이캐스트	1,050개	6,224억 엔	26,051명	6억 엔, 25명
금속프레스	6,994개	1조 6,910억 엔	84,212명	2억 엔, 12명
분말야금	127개	2,820억 엔	11,047명	22억 엔, 87명
열처리	676개	2,600억 엔	14,931명	4억 엔, 22명
연관기계 등	14,185개	2조 5,245억 엔	134,981명	2억 엔, 10명
합계	35,734개	8조 393억 엔	431,430명	-

01 업체 수 감소율: 주조 51.5%, 금속프레스 43.6%, 금형 37.6%, 단조 26.4%
종업원 수 감소율: 주조 35.7%, 금속프레스 18.7%, 금형 20.8%, 단조 7.7%

명 규모의 중소기업이며, 80% 이상이 오너경영 체제로 해외수출 기업은 절반에 못 미친다47.0%. 주요 수요산업은 자동차70%와 산업기계20%이며, 소수의 거래처에 의존하고 있다매출액 전체에서 1~3위 거래처가 80%를 넘는 기업이 약 20%.[02] 에너지 다소비 업종으로 전체 매출액 대비 전력요금 및 연료비 비중이 제조업 전체는 1.4%, 1.3%인 데 반해, 소형재 산업열처리은 각각 5.5%와 5.3%를 차지한다.

혁신으로 살아남은 일본의 소형재 기업들

결국 살아남은 것은 어려운 여건 속에서도 시대의 변화와 함께 끊임없이 혁신해온 기업들이다. 일본에는 에도 시대부터 이어져오는 장수 주조기업 30여 개가 있다. 가장 오래된 업체는 고이도우공업㈜으로 서기 745년 나라 시대에 토다이지東大寺의 불상을 건립한 업체다.

장수기업들은 시대의 변화와 함께 제조하는 물품과 주조하는 재료를 바꾸어왔다. 불상, 범종, 화폐, 솥 등을 만들다가 전쟁 중에는 무기와 관련 부품을 만들었고, 패전 후에는 전자 부품, 자동차 부품, 산

02 내연자동차에서 전기차로의 자동차 패러다임 변화는 자동차 산업에 의존하고 있는 일본 소형재 산업의 숙제다. 내연기관에 사용되는 다양한 부품들은 내열성, 강성, 복잡성 등이 요구되어 소형재 산업의 역할이 컸다. 그러나 전지와 모터 등으로 구성된 전기차는 조립공정이 간단하고 부품 수도 3만 개에서 약 37% 감소한 1만 1천 개 정도이다.

업기계 부품 등 첨단부품을 생산했다. 소형재 기업들은 주조품이었던 자동차 부품이 후판용 정밀 프레스 기술개발로 프레스 성형품으로 대체되고, 프레스 성형품이 다시 공작기계를 이용한 절삭가공으로 대체되는 흐름에 맞추어 능동적으로 사업을 변화시켰다.

소형재 기업들은 오랜 기간 장인의 감각에 의존암묵지 해왔던 생산공정을 IT와 결합하여 표준화형식지 하려고 노력하고 있다. 열간단조 기술을 예로 들어보자. 자동차의 크랭크 샤프트를 만들 때 숙련 기술자들은 해머로 철을 두드려 예비성형을 한 후에 본성형을 해서 수율을 높인다고 한다. 한 업체는 불규칙적으로 보이는 숙련공의 해머 작업 패턴을 분석해서 로봇의 열간주조 수율을 높였다.

소형재 기술 강점을 활용하여 부품, 반제품, 완제품으로 사업영역을 확대하는 기업도 적지 않다.[03] 시마노[04]는 냉간단조 기술을 자전

03 전 세계적으로 가장 성공적인 사례는 중국 홍하이정밀(폭스콘)이다. 홍하이는 1946년 대만에서 수지사출성형 중소기업(종업원 200여 명)으로 출발했다. 컴퓨터 본체 제조, 회로기판 조립 등으로 사업영역을 확장해 현재는 종업원 120만 명의 세계적 기업으로 성장했다.

04 시마노는 1921년 오사카 시마노철공소에 뿌리를 두고 있다. 시마노의 경쟁력의 비밀은 상온에서 금속을 눌러 기어를 만드는 정밀 냉간단조 기술이다. 절삭공정이 최소화되어 원재료를 아낄 수 있고, 정밀한 가공이 가능하여 수율이 높고 비용이 적은 정밀부품 대량생산에 적합하다. 시마노의 경쟁사들은 냉간단조 기술이 취약하여 알루미늄을 절삭하거나 대체소재로 탄소섬유를 사용한다. 이러한 방식은 비용을 증가시켜서 경쟁력을 떨어뜨린다.

시마노는 냉간단조 기술을 무기로 미국 산악자전거용 고기능 기어 양산에 성공했다. 1972년 자전거의 본고장인 유럽에 진출하여 변속기와 함께 브레이크, 구동계 부품을 세트로 공급하면서 시장을 장악했다.

거 부품에 적용해 글로벌 수준의 기업으로 성장했다. 아이치도비1936년 창업, 주물법랑, 이토철공1931년 창업, 주물팬, 니시키미주조프라이팬는 주물기술을 이용해 조리기구를 만들고 독자 브랜드를 런칭했다. 후쿠시마현의 주조, 단조, 열처리, 압연, 금속가공, 판금 관련 12개 업체는 소재부터 최종가공까지 처리할 수 있는 컨소시엄시라카와 소형재 밸리을 구성했다.

★★★

1990년대 이후 일본 소형재 업체가 처했던 환경과 현재 한국의 뿌리업체들이 겪는 문제는 서로 다르지 않다. 국가뿌리산업진흥센터에 따르면 2015년 2만 6,840개이던 전국의 뿌리기업은 2017년 2만 5,056개로 2년 만에 약 1,800개가 줄었다. 그리고 청년들의 기피로 숙련공들이 퇴직한 자리를 외국인 노동자들이 대체했다.

이런 상황에서, 끊임없는 변화로 살아남은 소형재 기업 이야기는 시사하는 바가 적지 않다.

3

F1은 늦었지만 FE는 앞서가자

올림픽, 월드컵과 함께 세계 3대 스포츠로 불리는 포뮬러원F1. F1은 자동차 혁신의 역사이기도 하다. 1960년대에는 고속주행을 가능하게 하는 4륜구동퍼거슨, 경량화를 위해 차체를 하나의 프레임으로 만드는 모노코크 방식로터스이 F1을 통해 선보였다. 1980년대에는 탄소섬유를 프레임에 처음 적용매클래런했고, 클러치를 밟지 않고도 변속할 수 있는 자동변속기페라리가 개발되었다. 1990년대에는 ABSAnti-lock Brake System 등 전자장비들도 F1에서 쓰이기 시작했다.

오토바이 업체가 자동차 경주 F1에 참가한다고?

일본은 F1을 전략적으로 활용했다. 혼다자동차의 이야기가 잘 알려져 있다. 1980년대 일본 완성차 업체는 포화 상태였다. 통산성현 경제산업성은 과당경쟁을 우려해 자동차 생산면허를 추가로 내주지 않았다.

그런데 오토바이 메이커였던 혼다가 갑자기 F1 참가를 선언했다. 오토바이 업체가 세계 최고의 자동차 경주대회에 참가한다고? 모두가 어리둥절해했고, 혼다 내부에서조차 반대의 목소리가 높았다. 그러나 혼다 소이치로[05] 사장은 포기하지 않았다. F1 팀을 창설하고, 3년 만에 우승컵을 들어올렸던 것이다. 그러자 통산성도 세계적 명성을 얻게 된 혼다에 완성차 면허를 내주지 않을 도리가 없었다.

널리 알려져 있지는 않지만, 혼다와 같은 완성차 업체뿐만 아니라 일본의 작은 소부장 기업들도 F1을 혁신과 성장의 서킷으로 활용했다.

F1 레이서를 공략하라

아라이 헬멧은 도쿄의 모자 판매상이었다. 2차 세계대전 중에는 일본군 군모를 만들었다. 태평양 섬에 주둔한 일본군은 일사병에 시달렸는데, 이들을 위해 대나무를 엮고 스프레이를 뿌려 만든 열대 기후용

05 혼다 소이치로(本田宗一郎, 1906~1991)는 혼다의 창업자로서 1946년 혼다 모터스의 전신인 혼다 기술연구공업을 창립하고, 혼다를 대기업으로 성장시켰다. 1989년 일본인 최초로 미국 디트로이트에 위치한 미국 자동차 명예의 전당에 올랐다.

군모를 생산한 업체가 아라이다. 패전 후 아라이는 건설현장용 안전모를 생산한다. 당시 사장이 오토바이 타는 것을 즐겼는데, 건설용 안전모를 개량하여 쓰고 다녔던 것이다. 오토바이용 헬멧이라는 개념 자체가 없었던 시절이었다.

1960년대 들어 아라이는 현대 헬멧의 기본구조를 확립한다. 내부에서 풍선을 불어 새 둥지와 같은 헬멧 모양을 형성하는 방법, 헬멧 내부에 발포제를 넣어 충격을 흡수하는 방법, 헬멧 앞쪽에 챙을 두어 충격을 분산하는 방법, 강화 플라스틱을 헬멧 소재로 사용하는 방법 등을 개발했다.

1980년대에 일본은 F1을 개최했는데, 아라이도 이 기회를 활용하여 최고의 헬멧 업체로 성장했다. 일본 선수들이 아라이 헬멧을 착용하고 시합에 등장하자 외국인 선수들이 생소한 아라이 헬멧에 관심을 갖게 되었다. 1984년 윌리엄스-혼다의 케케 로즈버그가 아라이 헬멧을 쓰고 우승을 하며 업계에 널리 알려졌으며 1985년에는 결승전 출전 선수 20명 중 10명이 아라이 헬멧을 착용하며 'F1 선수 절반이 사용하는 회사'라는 명성을 얻게 됐다.

아라이가 F1에서 사랑받는 이유는 안전에 대한 철학과 철저한 품질관리 덕분이라고 한다. 헬멧은 안전성 국제규격을 준수해야 한다. 3m 6㎝ 높이에서 가속도 센서를 장착한 헬멧을 떨어뜨려 가해지는 충격을 측정하는데, 300G 이상이면 뇌진탕 위험이 커서 국제규격은 275G 이하를 요구한다. 아라이는 더 엄격한 기준을 적용한다. 3m 20㎝로 낙하지점을 더 높이고, 바닥은 딱딱한 금속재질로 만든 가혹한 실험환경에서 안전성 테스트를 한다. 일반적으로 한 번만 하는 완성품 검사도 중복해서 시행하고, 헬멧 내부에는 작업자의 이름을 새겨 넣는다. 직원들이 책임감과 자부심을 갖고 일할 수 있도록 배려한다는 의미다. F1팀이 공기저항을 줄이기 위해 헬멧 모양을 변경해달라고 요구했으나 안전성이 떨어져 거절했다는 이야기는 안전에 대한 아라이의 고집과 철학을 보여준다.

착용자의 편의도 최대한 고려한다. 2010년 캐나다 그랑프리에서 우승한 마크라렌은 헬멧 때문에 습관성 두통으로 고통받았는데, 아라이가 특별제작한 맞춤 헬멧을 쓰면서 두통이 사라졌다고 한다.

이렇게 F1을 통해 세계적으로 알려진 아라이는 2019년 현재 종업원 285명에 미국과 유럽에 거점을 둔 글로벌 중견기업으로 성장했다.

페라리를 감동시켜라

와시마이야의 창업주 오노 사장은 1932년 홋카이도에서 태어나 메이지대학 경제학부를 졸업하고, 오사카종합상사에 취업한 평범한 회사원이었다. 그런데 독일과의 두 번의 만남이 그의 인생을 바꾸어놓았다.

첫 번째는 방적기계 업체 칼마이어 사다. 칼마이어는 오노 사장이 상사 주재원으로서 처음 맡은 고객사였다. 그는 칼마이어 일본 지점장을 지냈고, 칼마이어 프레스 장비를 도입해 방적기계용 실패를 제작하는 와시마이야를 창업했다. 실패는 30인치 크기의 대형 금속 부품으로 100톤 이상의 당기는 힘을 견뎌내야 하는 방적기계의 핵심 부품이었다. 경쟁사는 녹인 금속을 틀에 부어 부품을 만드는 주조방식으로 실패를 만들었는데, 와시마이야는 더 강하고 가벼운 실패를 만들기 위해 두드려 만드는 단조 방식을 적용했다.

실패를 만들면서 와시마이야는 두 가지 단조 기술을 축적했다. 우선 용탕 단조. 알루미늄을 초콜릿처럼 녹인 다음에 두드려 펴는 기술이다. 다음으로는 섹션 단조. 여성들이 신는 하이힐과 같이 누르는 부분을 줄여 압력을 강하게 해서 단조기의 성능을 극대화하는 기술이다.

독일과의 두 번째 만남은 독일의 자동차 휠 업체 BBS였다. 1940년 설립자인 바움가트너와 브란트는 독일 남서부 작은 마을 슈바르츠발트에 작은 자동차 부품업체를 세운다. 두 창업자의 이름 머리글자와 지명의 첫 글자를 따서 지은 이름이 BBS다. 원래는 자동차 FRP 가공품을 만드는 회사였는데, BBS의 에어로파츠를 장착한 자동차가 유럽 투어링카 선수권 대회를 우승하며 1972년에 휠 사업에 뛰어들었다.

가볍고 탄성이 좋은 휠을 찾던 BBS는 와시마이야의 단조 기술에 주목하게 되었고, 둘은 업무제휴를 했다. 1984년 단조 휠 생산 이후 성공을 거듭하여 1985년 미국 최대의 자동차 박람회SEMA에서는 혁신 대상을 받았고, 1985년에는 벤츠와 포르쉐도 순정부품으로 와시마이야의 제품을 채택했다.

와시마이야가 세계적인 휠 제작업체로 명성을 얻게 된 것도 F1 덕분이다. 1990년대에 F1은 안전을 위해 머신의 성능과 중량을 규제했는데, F1팀은 경량화로 돌파구를 찾았다. 페라리도 마찬가지였다. 페라리는 마그네슘으로 휠을 만들어 무게를 줄이고 싶었다. 문제는 기존의 단조 기술로는 마그네슘 휠 가공이 어렵다는 점이었다. 와시마이야는 실패를 만들면서 축적한 단조 기술 노하우로 이 문제를 해결하고, 페라리가 의뢰한 10% 감량을 뛰어넘어 휠 무게를 20%까지 줄였다. 1994년 슈마허가 와시마이야의 마그네슘 휠을 장착한 머신으로 우승을 차지하면서 와시마이야도 세계 정상에 섰고, 2021년에는 F1 규정에 따라 18인치 휠을 독점으로 공급할 예정이다.

와시마이야는 우리나라와도 인연이 있다. 2012년 지주사인 오노그룹이 파산하며 와시마이야는 사명을 BBS저팬으로 바꾸었는데, 2015년 국내신용평가전문업체 나이스그룹이 독일 BBS를 인수하여, 현재는 국내 자본 연관 업체가 되었다.

F1 우승자는 내가 결정한다

후지제작소는 쇼트피닝Shot Peening 전문업체다. 알루미늄 냄비의 뚜껑을 보면 물고기 비늘처럼 보인다. 망치로 두들겨 강도를 높이는 단련과정을 거쳤기 때문이다. 쇼트피닝은 이 단련과정을 기계화시킨 것으로, 금속으로 만든 대량의 볼을 가스로 분출시켜 금속 표면에 부딪히게 하는 가공방식이다.

후지제작소는 쇼트피닝을 고도화했다. 금속 볼을 기존의 3천 분의 1 크기로 줄여 단련뿐만 아니라 냉열처리 효과까지 높였다. 이렇게 하면 소재 강도와 유연성이 높아지고 수명도 최대 10배 연장된다. 가공용 칼날이나 자동차 변속기 기어와 같이 쇼트피닝 가공이 어렵다고 알려진 부품에도 후지제작소 쇼트피닝을 적용할 수 있다.

이러한 미립자 쇼트피닝 기술은 제한된 중량에서 최대의 성능을 발휘해야 하는 F1 머신에 적합했다. F1 머신 엔진은 가벼우면서도 강한 토크를 견뎌내야 하는데 미립자 쇼트피닝을 하면 엔진의 내구성이 크게 향상되었기 때문이다. 또 경량화한 얇은 기어가 강력한 엔진의 힘을 견딜 수 있도록 F1 머신 기어도 미립자 쇼트피닝을 한다. 이 회사의 쇼트피닝을 몇 번 받았느냐에 따라 우승자가 결정된다는 소문이 있을 정도로, 이 기술은 F1 레이스에 강력한 영향력을 미쳤다.

이처럼 F1을 통해 알려진 후지제작소는 현재 일본 국내 200여 개 사에 쇼트피닝 라이센싱 계약을 맺고, 미국 지프 사 서스펜션 가공 등 해외 진출도 활발한 강소기업으로 성장했다.

★★★

반면 우리는 내연 자동차 시대에 빠르게 대응하지 못했다. 모터스포츠와 소부장 산업을 연계한다는 전략도 부족했다. 2010년에 들어서야 전라남도가 영암에 F1서킷을 건설하고 그랑프리 대회를 열었으나 영업부진으로 아쉽게도 2013년에 문을 닫았다.

하지만 아직 기회는 많다. 미래의 자동차 산업은 내연 자동차에서 전기차와 같은 친환경차로 중심이 이동한다. 2019년 전 세계 차량의 4.3%433만 대에 불과했던 전기차의 비중은 2038년에 50%에 이르고, 2050년에는 90%에 달할 것으로 추정된다. 이러한 변화는 소부장 산업에도 큰 영향을 준다.

내연차는 부품이 3만 개인데 전기차는 1만 개 정도로 줄어든다. 이는 자동차 산업에 크게 의존하고 있는 뿌리산업 등 소부장 기업들이 앞으로 해결해야 할 큰 과제이자 기회로서도 작용한다. 모터가 엔진을 대체하고 감속기와 배터리가 성능을 좌우한다. 음극재와 같은 기능성 화학제품과 탄소섬유와 같은 신소재가 광범위하게 적용되고 인버터, 자동차용 반도체 등 전자부품의 역할이 늘어난다. 차체 경량

내연기관차와 전기차의 자동차 부품 자료: 일본자동차공업회, 일본경제산업성

구분	내연기관 자동차 부품		전기차에는 필요없는 부품	
	개수	비중	개수	비중
엔진부품	6,900	23%	6,900	23%
구동/전달/조종 부품	5,700	19%	2,100	7%
서스펜션/제동 부품	4,500	15%	–	–
차체부품	4,500	15%	–	–
전장품/전자부품	3,000	10%	2,100	7%
기타	5,400	18%	–	–
합계	30,000	100%	11,100	37%

화로 프레스 가공과 같은 뿌리기술의 중요성도 높아질 것이다.

자동차 경주도 변화하고 있다. F1의 전기차 버전인 포뮬러E에 주목하자. 2014년 시작한 이 대회는 매년 세계 10여 개국을 돌며 전기차 레이싱을 펼친다. 한국은 2020년 서울을 시작으로 5년간 대회를 개최한다. 1980년대에 일본 기업이 F1을 활용하였듯, 한국 소부장 기업이 FE를 기술혁신의 무대로 활용할 수 있도록 하자. F1은 늦었지만 FE는 앞서 나갈 수 있을 것이다.

잠깐

스포츠와 신소재 이야기

스포츠용품의 소재는 초창기에는 목재, 금속, 가죽 등 천연소재를 활용했으나 기술발전과 함께 탄소섬유 등 고성능 강화섬유, 파인세라믹 등 신소재 복합재료로 발전해왔다.

더 좋은 내구성, 타구음, 사용감: 야구 배트

야구 배트는 크게 네 가지 종류가 있다. 목재 배트, 목재에 열경화성 수지를 넣어 압축한 목재 압축 배트, 알루미늄 경합금을 사용한 금속 배트, 탄소섬유 강화 플라스틱으로 만든 카본 배트다. 각자 장단점이 다른데, 금속 배트는 목재 배트보다 내구성이 더 좋으나목재는 1천 타, 금속은 1만 타 정도를 견딜 수 있다고 한다, 타구음이나 사용감은 목재 배트가 더 낫다.

1980년대에는 타구음을 개선하기 위해 배트 제작에 유리섬유 강화 플라스틱을 사용했다. 그러나 공이 배트 중심을 빗겨 맞을 경우, 손목에 큰 충격을 주는 문제점이 있었다. 이후 유리섬유보다 가볍고 탄성이 좋은 탄소섬유 강화 플라스틱을 사용하고, 여기에 폴리우레탄 발포수지를 충전하여 목재 배트에 가까운 타구음을 냈다.

프로야구에서는 단일 무가공 천연목재 배트만 허용하고, 고교 및 대학야구에는 목제압축과 금속배트, 소프트볼은 카본 배트를 사용한다. KBO에서는 한국산 18개를 비롯해 총 35개 브랜드의 배트가 공인배트로 사용되고 있다.

프로야구에서는 종종 부정배트 논란이 일어나기도 하는데, 타자들 사이에는 코르크로 속을 채운 배트를 사용하면 타구가 더 멀리 날아간다는 속설이 있다.

1970년 이후 MLB에서 코르크 배트를 사용하다가 적발된 타자는 6명이며, 2003년 시카고컵스의 홈런왕 새미 소사가 탬파베이와의 경기 도중 방망이가 부러지면서 코르크 배트를 사용한 사실이 드러나 7경기 출장 정지 징계를 받기도 했다. 그러나 속을 깎아낸 코르크 배트는 더 빠른 배트 스피드를 낼 수는 있지만, 반발력이 떨어져 공을 배트에 맞힌 순간의 타구 속도는 보통 배트보다 느려서 오히려 장타를 치기 어렵다는 연구결과가 나오기도 했다.

더 가볍고 강하고 탄력적인: 테니스 라켓

초기의 테니스 라켓은 프레임과 그립이 하나로 된 일체형으로, 목재로 만들었다. 그런데 구부러지거나 뒤틀리는 문제가 생겨, 베니어합판을 층층이 쌓은 합판 적층재로 목재를 대체했다. 1960년대에는 알루미늄 경합금과 유리섬유강화 FRP, 1970년대는 그라파이트, 1980년대 이후에는 플라스틱에 강화섬유를 섞은 복합재료를 사용했다. 가볍고, 강하고, 자유로운 가공이 가능한 알루미늄 경합금 등 복합재료를 사용하면서 원형, 계란형, 사각형 등 다양한 모양의 라켓을 개발할 수 있었다.

라켓이 가벼워짐에 따라 선수들은 더 빨리 스윙할 수 있었고 공의 스피드도 빨라졌다. 또 헤드 사이즈가 커지면서 일반인들도 공을 쉽게 넘길 수 있게 되었다. 프레임 내부에 유연한 폴리아미드 계열의 수지를 넣어 라켓에 탄력성을 주거나 라켓 헤드 부분에 내구성이 좋은 소재를 넣는 등 테니스 라켓의 소재도 계속해서 발전하고 있다.

신소재로 드라이브 비거리가 늘다: 골프 클럽

15세기에는 골프 클럽으로 물푸레나무나 주목을 사용했다. 샤프트와 헤드는 양쪽을 경사지게 잘라서 서로 접착하고 실로 묶었다. 동물의

뿔을 붙여 내구성을 높였고 납으로 무게나 밸런스를 조절했다. 클럽 1세트는 드라이버 1개, 스푼 2개, 퍼터 1개로 구성되었다.

18세기에는 타구음이 좋고 색조도 아름다운 감나무가 물푸레나무를 대체했다. 아이언 헤드는 단조품을 사용했다. 20세기에 들어서며 아이언 헤드는 주조품을 사용했고, 샤프트는 목재 대비 강도와 탄성이 우수하고 재질이 균일한 스틸이 급속히 보급되었다.

1970년대 이후로 샤프트는 가볍게, 헤드는 상대적으로 무겁게 하여 스윙 스피드를 늘리기 위해 F15 전투기의 꼬리날개 강화재 소재인 보론섬유, NASA 등 우주항공 분야에 널리 사용된 탄소섬유와 같은 신소재를 활용했다. 탄소섬유는 1960년대에 개발되었으나 비싼 가격 때문에 사용하지 못하다가 1970년대 말부터 쓰이게 됐다.

골프채 헤드는 주로 티타늄 합금을 사용한다. 티타늄은 경주용 오토바이, F1 머신, 고급 승용차의 엔진 부품 소재로도 사용되는데 반발계수가 높아 골프공을 멀리 보낼 수 있고, 부피가 큰 헤드를 만들 수 있다.

미국골프협회USGA와 영국의 로열 앤 에이션트 골프클럽R&A의 「디스턴스 인사이트 리포트」에 따르면 소재기술의 발전으로 프로골프 선수들의 드라이브 비거리는 1980년에 1900년 대비 100야드 이상 늘어났고, PGA 투어 선수들의 비거리는 최근 25년 동안 약 30야드 늘어났다. 두 단체는 비거리 증대를 억제하기 위해 새로운 장비 기준을 검토하고 있다.

마라톤 우승 킵초게의 신발 논란: 육상 스파이크

육상은 100분의 1초를 다투는 경기로, 스파이크의 경량화와 충격완화가 중요하다. 스포츠 업체들은 신발형상 변경, 스파이크 배열 조정 등 디자인 개선과 함께 소재 혁신을 추진해왔다. 인공피혁을 사용하여 무게를 줄이고, 발바닥 부분에 합성섬유를 보충하여 압력을 분산하며, 스파이크 핀을 금속에서 파인세라믹으로 바꾸어 달리는 속도를 높였다.

최근 육상계에 큰 논란을 일으켰던 소재는 탄소섬유판이다. 2019년 케냐의 마라톤 선수 엘리우드 킵초게가 마의 2시간 벽을 깨뜨렸다. 시합을 위해 특수 제작한 운동화 바닥에는 탄소섬유판이 3장 들어갔는데, 이 섬유판이 스프링 역할을 해 앞으로 내딛는 힘을 키워준다. 이 운동화를 신은 선수는 1~1.5% 경사진 내리막길을 뛰는 것과 비슷하다고 한다.

국제육상연맹은 킵초게의 운동화가 기술도핑이라는 논란이 일자, "특정 선수만을 위한 신발은 공식 대회에서 사용할 수 없고, 탄소섬유판은 한 장만 허용한다"라는 규정을 새로 발표했다. 우사인 볼트가 자신이 2008년 베이징 올림픽에서 수립한 세계기록을 스스로 갈

아치울 때에도 탄소섬유판이 들어간 육상화를 신고 달린 것으로 알려져 있다.

일본 스포츠용품 경쟁력, 소재기술이 핵심이다

일본에는 우리도 잘 알고 있는 스포츠용품 업체들이 많다. 1906년 오사카에서 창업했으며, 골프·야구용품에서 인지도가 높은 종합 스포츠 메이커 미즈노, 1935년 야구 유니폼 업체로 출발하여 개성 있는 스포츠웨어 업체로 성장한 데상트, 노르웨이 스키팀의 공식 스폰서이며 봉제기술과 특수섬유로 스키웨어 정상급에 오른 피닉스1952년 창업, 1921년 오사카의 철공소로 출발한 글로벌 자전거 부품 메이커 시마노 등을 예로 들 수 있다. 그 밖에 일반인들에게는 잘 알려지지 않았지만 소재기술로 성장한 작은 스포츠용품 기업들도 있다.

경마 마구에서 명품 가죽가방으로

일본은 메이지유신 이후 홋카이도를 개척했는데, 당시 농업과 광산업에는 말이 필수적이었다. 홋카이도 개발과 함께 마구 공방도 발전했지만 석유가 석탄을 대체하면서 점차 홋카이도 광산들은 문을 닫았으며, 많은 마구 공방들도 사라졌다.

소메스는 현재 일본에 남아 있는 유일한 마구 메이커로 일본 궁내청과 유명 경마기수들의 마구를 납품한다. 1800년대에 마구 메이커로 창업하여 명품 브랜드로 성장한 에르메스를 벤치마킹하여 가죽가방 등으로 독자 브랜드를 런칭했다. 장인 3명 전체 기술자 50여 명, 평균연령 40세 이 한 팀이 되어 수작업으로 실 양끝에 바늘을 달아 가죽의 겉과 속을 동시에 꿰매는 방법 등 마구 제작기술을 활용한 가죽가방을 만들고 있다.

마라토너를 위한 자외선 차단 선글라스

야마모토광학은 1991년 분진차단 안경을 만든 특수안경 업체였다. 패전 후에 물안경을 만들기 시작해 백조표 물안경 1946년 등 히트 상품을 여럿 내놓았다.

1992년 바르셀로나 올림픽을 앞두고 일본육상경기연맹의 의뢰로 마라톤용 선글라스를 제작하게 된 야마모토는 자외선을 99% 차단할 수 있는 폴리카보네이트 소재를 사용해 일본 선수들의 얼굴 모양에 맞춘 렌즈 프레임 일체형 선글라스를 선보였다. 일본 여자 마라톤 대표 아리모리 유코가 야마모토의 선글라스를 쓰고 이 경기에서 은메달을 따내면서, 작은 중소기업이었던 야마모토광학은 세계시장에 알려졌다.

배구공의 고무기술을 선박 소음을 줄이는 소재로

미카사는 창업 100년이 넘는 장수기업으로 고무 소재를 잘 다룬다. 미카사의 배구공은 1964년 도쿄 올림픽, 2004년 아테네 올림픽에서 공인구로 사용되기도 했다. 미카사는 배구공에 탄력을 더하고 완벽한 구형을 만들기 위해 고무소재 기술, 3,000m 실 감기 기술 등을 발전시켰으며, 배구공에서 축적한 고무기술을 선박 추진체 베어링 소음을 줄이는 소재 테프론 로 활용하고 있다.

다양한 소재가 스포츠와 함께 발전했고, 스포츠를 통해 발전한 소재는 다른 첨단산업의 발전으로 이어지기도 했다. 이처럼 우리 주변에 항상 있어왔고, 삶의 풍요로움과 직결되어 있는 것이 소부장 산업이다. 소부장 산업의 문제를 산업정책을 넘어 경제사회 전체의 문제로 봐야 하는 이유이기도 하다.

4

업계의 상식을 깨뜨려라

업종마다 널리 통용되는 상식이 있다. 상식은 오랜 기간 동안 시행착오를 거치며 형성된 것이므로, 무시하거나 상식과 반대로 행동하려면 큰 용기가 필요하다. 새로운 혁신은 그러한 상식을 깨뜨리는 것에서 출발하는 경우가 많다.

회계 상식을 깨뜨린 구글

일반적인 기업들은 사업부 단위로 비용과 수익을 측정하여 성과를 보상한다. 그러나 구글은 '회계 상식'을 깨뜨리고 사업부 단위의 관리회계를 하지 않는다. 회사 전체를 하나의 생태계로 보기 때문이다. 이렇게 사업 단위로 수익을 계산하지 않기 때문에, 당장의 수익을 신경 쓰지 않고 혁신적인 서비스를 만들 수 있었다. 회계 상식을 깨뜨리지 않았다면 스트리트뷰, 안드로이드, 구글맵, 구글어스, 구글앱스 같은 혁신적 서비스는 빛을 보지 못했을 것이다.

인터넷 서점의 창고 상식을 깨뜨린 아마존

아마존도 인터넷 서점은 창고를 가지고 있을 필요가 없다는 업계의 보편적 생각을 따르지 않았다. 1999년에서 2000년까지 적자를 무릅쓰고 6개의 대형 물류창고를 건설한 결과, 아마존은 서점에서 IT 유통업계의 공룡으로 성장할 수 있었다.

이코노미석 좌석의 상식을 깨뜨린 일본항공

일본항공은 2010년 파산 후 1년 만에 사상 최대의 수익을 올리고 3년 만에 재상장을 했다. 승객을 좀 더 많이 태우기 위해 비행기 한 대에 많은 좌석을 배치했던 경쟁사와는 달리, 이코노미석의 좌석 간격을 넓히고 비즈니스석에는 완전히 젖혀지는 좌석Full Flat Seat을 도입하여 차별화된 서비스를 제공했기 때문이다.

한편 일본의 택배 기업 야마토운수는 개인 택배는 수익성이 없다는 통념을 뒤집고 동네 문구점 등에 거래점을 내고, 주부들이 직접 수화물을 가져와 접수하는 방식을 도입해 1976년에 일본 최초로 개인 택배 서비스를 성공시켰다.

업계의 상식을 깨뜨린 일본의 소부장 혁신 기업들

소비자를 대상으로 하는 서비스 업체들뿐만 아니라 일본의 소부장 기업들도 상식의 뒷면에서 혁신의 씨앗을 찾았다.

메트롤은 공작기계 센서는 비접촉 전기식이라는 업계의 대세를 거스르며 기계식 스위치를 대체품으로 개발했다. 가격은 기존의 10분의 1, 측정오차는 0에 가까운 툴 세터Tool Setter로 세계시장의 60%를 장악했다. BBS긴메이는 테이프 방식의 웨이퍼 연마방식을 버리고 밴드 방식으로 개선하고, 가공시간을 절반으로 단축한 웨이퍼 엣지 연마장비를 만들어 세계시장의 90%를 차지했다.

한토기공hanto-kikō은 절단은 빨리 할수록 좋고 연마는 천천히 할수록 좋으니 공정을 나누어야 한다는 오래된 관행을 뒤집고, 절단과 연마를 동시에 하는 장비를 개발해 세계 자동차 유리 가공장비 시장의 80%를 담당하는 중견기업으로 성장했다.

압연롤러 가이드 장치를 처음 개발한 고토부키산업은 철강을 압연하면 70%의 수율이 한계라는 오래된 생각에서 벗어나, 수율을 향상할 수 있는 압연 롤러 가이드를 만들어 전 세계 16개국에 수출하고 있다.

오카노공업은 스테인리스 판금을 말아서 바늘을 만들었다. 기존의 금속관 방식으로는 불가능한 지름 90㎛의 아프지 않은 주사바늘을 탄생시켰다.

시코는 모터는 철심에 코일을 감아야 한다는 옛날 방식을 버리고 철심이 없는 작고 얇은 모터를 만들었으며, 모토로라는 이 코어리스 모터를 이용해 세계 최초로 휴대폰 진동모드를 선보였다. 또 하쿠도는 화장용 브러시의 끝을 기계로 잘라내는 경쟁사와는 달리 털을 골라내는 수작업을 고수함으로써 고급 브랜드화에 성공했다.

★★★

상식을 깨뜨리고 혁신하는 것은 거창하고 힘든 일로 여겨질지 모르지만, 사실은 99%의 기존 기술에 1%의 새로운 요소를 넣는 것이다. 또한 메트롤이 전자식에서 기계식으로, 하쿠도가 자동화에서 수작업으로 시대를 역행한 것처럼, 혁신에 반드시 기술적 진보가 필요한 것도 아니다. 그래서 프랑스의 작가 마르셀 프루스트도 "진정한 발견은 새로운 땅을 찾는 것이 아니라 새로운 눈으로 보는 것"이라고 말했던 것 아닐까.

5

창업: 스핀오프에 주목하라

단결정Single Crystal은 현대 연금술의 총아로 불린다. 다이아몬드나 루비, 사파이어가 대표적인 단결정 광물인데, 단결정은 원자배열이 일정해서 물질 고유의 성질을 최대한 발휘할 수 있다.

단결정을 이용하면 기존 재료의 단점을 뛰어넘는 소재를 만들 수 있다. 실리콘은 빛을 비추면 전기로 바뀌는 특성이 있어 태양광 패널에 사용하는데, 단결정 기술을 이용하면 태양전지의 전환 효율을 높일 수 있다. 또 단결정 은銀으로 전선을 만들면 구리 전선에서 발생하는 미세한 전기잡음이 발생하지 않아서 오디오 음질을 향상시킬 수 있다.

단결정을 만들려면 물질의 분자구조를 풀어준 다음 단결정 상태로 자라도록 해야 한다. 여기에는 물질을 액체로 만들어 굳히는 방법, 기체 상태에서 결정을 생성시키는 방법, 고체 상태에서 녹여가며 성질을 바꾸는 방법이 있다. 업체들은 누가 더 많이, 그리고 빨리 단결정을 양산해낼 수 있는지를 두고 경쟁하고 있다.

스핀오프로 세계시장 점유율 100%를 달성하다

2차 세계대전 중에 일본군은 야마나시대학에 단결정의 대량생산 방법 연구를 의뢰했다. 후지산 근처에 위치한 야마나시는 일본 포도의 주산지이며 수정 광산이 많았다. 당시 일본군은 야마나시의 포도에서 추출된 주석산과 천연수정을 이용하여 무전기를 만들었는데, 무전기용 인공수정을 대량으로 만들기 위해 연구를 의뢰한 것이다. 야마나시대학은 대포와 같은 고압용기 밑바닥에 천연수정을 두고, 천장에는 종자결정을 매달아 뜨거운 수증기로 녹여가며 고드름과 같이 인공수정을 만드는 열수합성법을 개발했다. 이 방식으로 인공수정을 얻으려면 1~2개월이 걸렸다고 한다.

1966년 일본 과학기술청이 무기재료연구소를 설립하면서 일본의 단결정 제조기술은 한 단계 더 발전했다. 제조 담당, 물성조사 담당, 합성 담당 등 여러 명이 팀을 이루어 연구를 했는데, 이 중 합성 담당은 시간이 오래 걸리고 위험하지만 연구성과는 잘 나오지 않아 다들 기피하는 분야였다고 한다. 그런데 1970년에 입사한 신도 이사무 연구원이 오랜 기간 합성 담당으로 일하며 열수합성법보다 더 빠르게 단결정을 만드는 장비를 개발했다.

이 시기에 일본 정부는 산업입국産業立國을 모토로 우리의 대덕연구단지와 같은 츠쿠바연구단지를 건설하고, 연구원들의 창업을 지원했다. 신도 연구원은 이 프로그램의 도움으로 크리스털시스템이라는 회사를 설립하고, 대형 수정합성 장비를 생산하여 MIT, 암스테르담대학 등에 수출하는 우량기업으로 키워낸다. 정부출연연구기관 연구원이 자신이 참여한 연구에서 얻은 결과를 가지고 창업하는 연구기반 스핀오프Research Based Spin-off의 시작이었다.

일본의 단결정 제조기술은 1996년 미국 스탠퍼드대학에서 유학하고 일본물질재료연구소에 입사한 후루카와 야스노리 연구원에 의해 다시 한번 도약했다. 후루카와는 기존 방식에 비해 결함률이 최대 1천분의 1 미만인 결정을 대량으로 양산할 수 있는 기술이중도가니법을 개발한다.

때마침 공공기관 인사제도를 총괄하는 일본 인사원은 연구원들이 직을 유지한 채로 창업할 수 있는 국가공무원겸임제도를 도입했고, 후루카와 연구원은 이 제도를 처음으로 활용하여 2000년 오키사이드라는 벤처를 설립했다. 오키사이드는 이중도가니법으로 그동안 난제로 여겨졌던 탄탈산 리튬의 대량생산에 성공하며, 이 분야에서 독점기업세계시장 점유율 100%이 되었다.

연구기반 스핀오프는 이미 보유하고 있던 지식을 직접 기업화하기 때문에, 기업에 라이선스나 지적재산권을 이전하는 간접적인 방식보다 효과적인 창업으로 평가받는다. 소부장처럼 오랜 기간 기술 축적이 필요한 분야에서는 신규 창업보다 더욱 효율적인 창업 수단임에 틀림없다.

일본이 단결정 제조업에서 두각을 나타낼 수 있었던 것은 1940년대 야마나시대학, 1970년대 무기재료연구소, 1990년대 물질재료연구소로 이어지는 원천기술의 축적과 두 번의 스핀오프 성공 덕분이었다. 또 연구중심 도시 츠쿠바의 창업지원과 일본 인사원의 겸임제도도 이들의 도전에 힘을 보탰다.

그러나 이러한 과거의 성공과 달리 최근의 스핀오프 실적은 저조하다. 일본 경제산업성의 조사2019년에 따르면 2010년 이후 미국의 스핀오프는 207건이었는데, 일본은 한 건도 없었다고 한다. 미국은 스탠퍼드대학과 MIT의 왕성한 스핀오프로 실리콘밸리, 루트128 보스턴 지역에 있는 첨단산업단지과 같은 혁신 중심지를 구축했다. 보스턴은행의 연구1997에 따르면 MIT에서 스핀오프로 세워진 기업만 4천여 개에 이르며, 고용은 100만 명, 매출은 2천억 달러에 이른다.

★★★

최근 한국은 삼성전자의 C랩2012년, 현대자동차의 벤처플라자

2000년, SK하이닉스의 하이개러지2018년, HiGarage 와 같이 국내 대기업들이 스핀오프에 적극 나서고 있다. 이들은 사내 연구원들에게 초기 사업자금과 창업지원금을 제공하고, 실패에 대한 두려움 없이 창업에 도전할 수 있도록 창업 5년 이내에 재입사할 수 있는 기회도 부여하고 있다. 정부도 2018년부터 사내벤처 육성 프로그램연 200억 원을 지원하고 있으며, 앞으로 프로그램의 양적 확대와 함께 정부출연 연구소와의 연계, 창업 이후 시장진출 지원 등 질적 고도화로 업계를 뒷받침할 계획이다.

이렇게 민관의 노력이 더해진다면 단결정 분야에서 이룬 일본의 성공을 우리도 재현해낼 수 있을 것이다.

6

기술만이 전부가 아니다

남들이 하지 않는 분야를 선택해서 한 우물을 파고, 경쟁자들이 따라오지 못할 압도적 기술력을 축적한 중소기업. 필자가 가지고 있는 소부장 우량기업의 이미지다. 실제로 1,000°C의 열을 견디는 바코드를 만든 YS테크, 빛 반사율이 99%인 알루미늄 연마로 기네스북에 오른 키시로광과학 등 첨단기술로 후발주자를 압도하는 첨단기업들이 많다.

그러나 기술이 전부는 아니다. 첨단기술은 없지만 품질Quality, 원가Cost, 납기Delivery, 즉 QCD 중에서 하나를 밀어붙여 1위의 자리에 오른 기업도 많다.

원가절감에 승부를 걸다

우에노는 코일 업체다. 창업자인 우에노는 본래 농업대학을 나와 가업인 농사를 이어받았는데, 농사만으로는 생계유지가 어려워 부업으로 코일 감는 일을 시작했다. 그는 혼자서 코일 감는 일을 하다가 농한기에 놀고 있는 이웃 농부들을 모아서 하청업체를 세웠다.

우에노가 생산하는 코일은 가전제품 오작동을 방지하는 전원 노이즈 제거용이다. 링에 구리선을 감는 작업으로, 자동화가 어려워 수작업이 기본인 저임금 노동집약형 산업이다.

우에노는 원가절감에 승부를 걸었다. 도시화로 저임금 노동력이 줄자 인근 교도소에 일감을 위탁했고, 이마저도 여의치 않아 중국으로 공장을 옮겼다. 그러다 싼 인건비를 찾아다니는 것도 한계에 이르자, 재료비 절감을 꾀했다. 코일 중심부를 원형에서 사각형으로 바꾸어 고주파와 저주파를 1대의 코일로 조정할 수 있었다. 재료비를 반으로 줄인 것이다. 일본 거래처보다 한국 가전업체들이 먼저 신제품을 알아보았고, 지금은 대만 등으로 시장을 넓혀 이 분야에서 세계시장 점유율 10%를 기록하고 있다.

우에노의 원가절감 노력은 현재진행형이다. 수작업이 불가피하다고 여겨지던 공정을 완전 자동화했고, 스마트 자동화 공장을 일본에 구축했다. 스마트 공장이 성공적으로 정착하면 저렴한 인건비 때문에 중국으로 나간 공장들을 국내로 복귀시킬 계획이다.

코일은 오래된 업종이고, 첨단산업도 아니다. 모두가 인건비가 싼 신흥국에 넘어갈 업종으로만 여겼던 분야에서 이런 성과를 이뤄낸 것이다. 우에노의 사례는 신흥국의 도전을 받고 시장을 내주고 있는 국내 소부장 기업들에게도 시사하는 바가 적지 않다.

재고관리가 세계 1등

기타니혼정기는 소형 베어링 업체다. 월 생산량이 1,200만 개이고 전체의 70% 이상을 세계 40여 개국에 수출한다. 지름 1㎜ 이하의 소형 베어링 분야에서 세계시장 점유율 70%를 기록하고 있다.

소형 베어링은 의료기기, 하드디스크, 반도체 제조장비, 항공우주 등 쓰임새가 다양하며, 다품종 소량생산이 불가피한 품목이다. 홋카이도에서 베어링 영업을 했던 창업자는 당시 주류였던 중대형 베어링이 아니라 대기업이 손을 안 대는 소형 베어링에 특화했다.

이 기업은 대량발주를 받지 않는것이 특징이다. 대기업의 대량발주는 큰 매출을 일으킬 수 있는 기회이기도 하지만, 갑작스런 모델 변경으로 매출이 크게 줄 수도 있기 때문이다. 리스크가 큰 대량발주는 포기하고 소량발주만 받는 것이다.

기타니혼정기의 차별화 포인트는 기술도 품질도 아닌, 세계 1등을 자랑하는 재고량이다. 소형 베어링 1만 종, 시가 60억 엔 규모의 재고를 항상 유지하는데, 이는 업계 최고 수준이다. 경쟁사들은 주문에서 납품까지 약 3개월이 걸리지만, 이 업체는 엄청난 재고 덕분에 실시간 대응이 가능하다. 적은 양의 베어링을 필요로 하는 업체들이 기타니혼정기를 선택할 수밖에 없는 이유다.

그렇다고 무작정 재고를 늘리는 것은 아니다. 수십 년간의 거래 실적을 분석해 수요를 예측하고, 종류별로 재고량을 조절한다. 재고 비용의 일부는 가격에 전가되지만, 수요업체 입장에서도 많이 쓰이는 부품은 아니기 때문에 가격에 민감하지 않다. 가격을 좀 더 주더라도 제때 납품해주는 이 업체를 선택하는 것이다.

주문 즉시 제작으로 이룬 납기 혁신

나베야바이테크는 장수기업이다. 1560년 일본의 다성茶聖이라 불리는 센리큐에게 무쇠솥을 납품했다. 주물기술을 활용해 컨베이어벨트의 양쪽 끝에서 벨트를 돌리는 원통형 부품인 풀리도르래를 생산하고 있다. 풀리는 쓰임새가 다양해서 종류가 1만 종에 이른다.

나베야도 처음에는 재고를 쌓기 시작했다. 재고가 너무 많아 낮에도 앞이 안 보일 정도로 창고가 가득 찼고, 관리가 제대로 되지 않아 어떤 부품은 25년분이 쌓여 있기도 했다. 그러나 곧 주문을 하면 만들기 시작하는 스시집에서 힌트를 얻어 재고를 완전히 정리하고, 주문에 즉시 대응하는 체계를 구축했다.

풀리는 기준면 가공, 반대면 가공, 홈 파는 작업 등 3단계로 작업이 이루어진다. 맞춤제작으로 하나를 생산하고 다음 부품을 제작하기 위해서는 기계를 다시 조정해야 하는데, 조정에만 5시간 이상이 걸렸다. 나베야는 3가지 공정을 한 번에 처리하는 장비를 제작해서 조정시간을 10초로 줄였다. 그 결과 오후 3시 이전에 주문하면 2시간 만에 완성해서 다음 날 발송하는 체계를 구축할 수 있었다.

이처럼 나베야는 납기 혁신을 통해 재고를 획기적으로 줄였고, 부품 1개라도 대응이 가능한 다품종 미량생산 체계를 완성했다.

★★★

지금은 무한경쟁 시대다. 어중간한 그룹은 도태되고 1등만 살아남는다. 그것도 그냥 1등이 아니라 2등이 따라오는 것을 포기하게 만들 정도로 압도적인 격차를 유지해야 1등의 자리를 지킬 수 있다.

기술이 되었든, 원가가 되었든, 납기가 되었든 중요한 것은 '압도적인 차이를 만들어내는 힘'에 있다. 우에노, 기타니혼정기, 나베야는 경쟁우위의 원천이 어디에 있는지 간파하고, 원가와 납기를 극한까지 밀어붙였다. 기술은 그것을 거들었을 뿐이다.

정부는 산업정책을 기획할 때 첨단산업과 기술혁신을 항상 염두에 둔다. 그리고 산업정책의 열에 아홉은 기술개발 투자다.

기술혁신이 중요하지 않다는 것은 아니다. 무엇을 위한 기술인지를 살펴보자는 것이다. 일본의 중소기업들이 기술을 갖추고도 글로벌 챔피언이 되지 못한 것에서도 알 수 있듯, 1등을 하는 방법은 기술만이 전부가 아니다.

잠깐

독특한 마케팅 방법들: 1P로만 승부한 기업들

4P는 미국 노스웨스턴대학의 제롬 매카시 교수가 1960년대에 정리한 마케팅 이론이다. 그는 기업이 집중해야 할 분야를 Product 제품, Price 가격, Place 유통, Promotion 판촉 으로 정리했다. 기업의 입장에서는 물론 4P 모두를 잘 하면 좋겠지만, 작은 기업들은 여력이 없다. 여기 다른 것은 다 버리고 1P Product 로만 승부한 업체들이 있다.

영업을 하지 않는다

가미지마 열처리공업소는 절삭공구 열처리 전문업체다. 뒤틀림 교정이 특기다. 1m 정도의 철에 열을 가하면 통상 1㎜ 정도의 뒤틀림이 생기는데, 가미지마는 0.3㎜ 이하로 뒤틀림을 줄이는 기술을 가지고 있다. 뒤틀림 교정은 암묵지로서, 자료나 말로는 설명할 수가 없는데 이것이 바로 기계가 아닌 장인들이 필요한 이유다. 가미지마에는 5명의 장인이 있으며 이들은 일본 후생노동성의 '현대의 명공'과 도쿄도의 '마이스터'로 선정된 국보급 장인들이다.

가미지마는 장인이 장인을 키우는 도제식 교육을 실시하며 신입 직원은 20대에 특급 기능사, 40대에 도쿄 마이스터를 목표로 한다. 아버지오야, 親가 아들코, 子을 가르친다는 의미에서 '오야가타 고가타'라고 부르며 장인 1명이 직원 1명을 키우는 시스템이다. 장인들은 정년이 없어서, 가미지마의 직원 50명 중에 10명이 65세 이상이고, 최고령 직원은 80세다.

이렇게 장인들에게 투자를 아끼지 않는 가미지마에는 영업 담당이 없다. 담당자가 없을 뿐만 아니라 영업 자체를 하지 않는다. 기술이 있으면 손님이 찾아온다는 생각을 고수하고 있는 것이다. 실제로 영업을 하지 않아도 입소문을 통해 꼬리를 물고 손님이 이어지고 있다.

1등을 공략한다

에리오닉스는 반도체 장비업체다. 포토마스크라는 유리기판에 회로를 그리는 장비를 생산한다. 1975년 일본전자의 기술자 7명이 퇴사하여 설립한 업체로, 1976년 통상산업성의 초LSI기술연구조합에 참여한 것을 계기로 일찌감치 반도체 장비 분야에 진출했다. 1㎝ 안에 100만 개의 회로를 그리는 극미세전자빔 장치를 생산하여 대학과 연구소에 납품한다.

에리오닉스는 1등을 공략하는 전략을 사용하여 2007년 하버드 대학과 MIT, 2012년 코펜하겐 노르웨이과학기술대학, 2016년 심천 남방과학대학 등 최우수 대학과 연구소를 공략했다. 1등을 잡으면 나머지는 따라온다고 생각한 것이다.

최근에는 중국으로부터 급격히 발주가 늘고 있다. 하버드와 MIT에서 에리오닉스 장비를 사용한 연구로 박사 학위를 받고 중국 대학에 돌아간 교수들이 이 회사 장비를 찾고 있기 때문이다. 일본 국내에서 논문을 준비하고 있는 우수 박사들도 고객으로 확보하고 있으며, 이를 위해 본사 면적의 3분의 1에 이르는 연구공간에 13대의 첨단장비를 설치하고 우수 학생들에게 개방하고 있다. 최근의 연구동향도 파악하고 미래의 고객도 얻을 수 있으니 일석이조가 아닐 수 없다.

적군을 활용하라

메이다이는 산업용 섬유업체다. 건축현장에서 무거운 자재를 옮길 때 사용하는 벨트슬링을 생산한다.

이전까지 벨트슬링은 대기업이 독점하고 있는 품목이었다. 후발주자인 메이다이가 신제품을 내놓았으나 3년간 아무도 써주지 않았다. 홍보 역량도 재원도 부족하여, 전국 건설현장을 돌며 홍보를 해 보았지만 반응이 없었다.

그러던 어느 날 큐슈로부터 주문이 들어오기 시작했다. 대기업 영업사원이 설명회에서 메이다이 벨트슬링의 단점을 지적하며 자사 제품을 홍보했는데, 오히려 이름을 알리는 기회가 된 것이다. 이후 대기업이 견제할 정도로 품질이 괜찮은 제품으로 소문이 나고, 독점 대기업에 대한 반감도 작용하여 곧 주문이 몰려들었다. 아이러니하게도 이후 그 대기업은 벨트슬링에서 손을 뗐다고 한다.

독특한 마케팅 방법들은 누구나 사용할 수 있는 것이 아니다. 평범한 기업들이 가미지마처럼 영업을 하지 않거나 에리오닉스처럼 1등만 공략했다가는 곧바로 도태될 것이다. 1P로 승부하는 기업들의 자신감은 끊임없는 기술혁신과 경쟁사를 압도하는 경쟁력이 뒷받침되었기에 가능한 것이다.

7

하지 말아야 할 일을 정하라

바늘회사 마니가 '하면 안 되는 목록'을 만든 이유

마니는 의료용 바늘회사다. 스테인리스로는 의료용 바늘을 만들 수 없다는 업계의 상식을 깨고, 탱탱하면서도 단단한 바늘을 만들어 1960년대에 봉합용 바늘 시장에 진입했다. 일반인들에게는 잘 알려져 있지 않지만 우리 신체는 부분별로 피부의 특성이 달라서, 의사들은 수술 부위에 따라 그에 적합한 봉합용 바늘을 사용한다고 한다.

마니의 주력 분야는 안과용 봉합바늘이었다. 백내장 수술 후에 안구 절개면을 봉합할 때 사용하는 아주 작은 바늘이다. 생산하는 업체가 많지 않아 마니가 독점하고 있었다. 안정적으로 매출이 나오는, 마니의 캐시카우Cash Cow였다.

그런데 갑자기 위기가 닥쳐왔다. 백내장 수술 방식이 발전해서 안구에 거의 상처를 내지 않고 수술이 가능하게 되었다. 백내장 수술용 렌즈가 부드럽고 탄력 있는 신제품으로 바뀌면서 절개방식도 바뀐 것이다. 기존 수술은 6㎜ 정도 안구 절개가 필요했는데, 새로운 방식은 3㎜ 정도로 줄어 봉합을 하지 않아도 되었다. 봉합용 바늘 시장이 아예 사라져버린 것이다.

마니는 살길을 모색했다. 바늘을 만들며 축적한 금속가공 기술과 안과병원의 판매망을 이용할 방법을 찾았고, 바늘이 필요 없다면 메스를 만들자는 전략을 세웠다. 결과적으로 이 전략이 맞아떨어져, 봉합용 바늘시장은 잃었지만 안과용 메스시장에서 매출을 만회할 수 있었다.

마니는 여기에서 멈추지 않고 여세를 몰아 외과용 메스시장까지 진출했다. 외과용 메스는 안과용 메스나 봉합바늘 시장과는 비교할 수 없을 정도로 큰 시장이다. 외과용 메스의 성공으로 자신감에 넘친 마니는 대규모 설비투자를 단행하며 글로벌 업체들과 경쟁했다. 그러나 이번에는 처참한 결과를 맞았다. 판로를 찾지 못했고, 가격 경쟁력에서도 밀려 폐업을 고민해야 할 지경에 이르렀다.

이처럼 한 번의 큰 성공과 한 번의 큰 실패를 거치면서 마니는 '하면 안 되는 다섯 가지'를 사훈으로 삼고 경영방침을 다시 세웠다.

첫째, 의료기기 이외에는 하지 마라.

둘째, 기술이 없으면 하지 마라.

셋째, 세계 1위의 품질이 아니면 팔지 말라.

넷째, 1천 엔 이하의 작은 틈새시장 외에는 하지 말라.

다섯째, 전 세계에 팔 수 있는 것이 아니면 하지 말라.

대기업과 경쟁을 피하고 남들이 하지 않는 분야에 특화한 철저한 틈새전략을 경영철칙으로 삼은 것이다.

'하지 말아야 할 것'들을 정하고, '해야 할 것만 한' 마니는 이후 1만 종 이상의 봉합용 바늘을 생산하며 다품종 소량생산 시장에 적응해나갔다. 그 결과 봉합바늘 시장의 90%, 안과용 메스 시장의 60%, 치간치료기구 시장의 90%를 차지하며 원가 1%, 영업이익률 40%라는 놀라운 성과를 거둔 소부장 강소기업으로 도약했다.

피터 드러커와 짐 콜린스의 Not To Do List

『좋은 기업을 넘어 위대한 기업으로』를 쓴 짐 콜린스는 마니의 사례처럼 '하지 말아야 할 일'을 하지 않는 것이 얼마나 중요한지 이야기한다.

피터 드러커와의 일화를 살펴보자. 짐 콜린스는 피터 드러커에게 고민 상담을 하곤 했다. 넘쳐나는 일들 때문에 무엇을 먼저 해야 될지 모르겠다며 투덜대는 짐 콜린스에게 피터 드러커는 말했다.

"할 일 목록To Do List은 있는가?"

짐 콜린스는 당연하다는 듯 "예"라고 말했다.

피터 드러커는 다시 물었다.

"그럼, 하지 말아야 할 일 목록Not To Do List도 있겠지?"

이 질문에 짐 콜린스는 말문이 막혔다. 하지 말아야 할 일이라는 개념도 없었고, 한 번도 생각해본 적이 없었기 때문이다.

짐 콜린스는 후에 『좋은 기업을 넘어 위대한 기업으로』에서 "우리는 계속해서 일하고 또 일하고, 반복해서 일함으로써 가속도를 내려고 엄청난 할 일 목록을 만든다. 하지만 그렇게 하는 것은 그다지 소용이 없다"라고 지적했다. 그리고 위대한 기업을 만든 사람들은 "할 일 못지않게 하지 말아야 할 일 목록을 많이 사용하며, 쓸모없는 모든 것을 골라내는 데 굉장히 숙달되어 있다"라고 강조했다.

★★★

국내의 소부장 기업들은 대부분 마니와 같은 중소기업이다. 마니가 새로운 시장에 뛰어들면서 글로벌 면도날 업체들과 경쟁해야 했던 것처럼, 경쟁자들은 크고 강하다. 이들과의 경쟁에서 살아남으려면 '하지 말아야 할 일'을 확실히 정해서 자원을 헛되이 낭비하지 않아야 한다. 그래야 정말 해야 할 일에 힘을 쏟을 수 있다. 즉 '하지 말아야 할 것'을 하지 않고 생존하는 자가 해야 할 일을 제대로 해서 승리할 수 있는 것이다.

"생존이 있어야 승리가 있다"라는 옛말을 다시 한번 생각해본다.

8

잘나갈 때 조심하자

자만과 욕심은 추락을 불러온다. 너무 낮게도 높게도 날지 말라는 아버지의 당부를 무시하고 태양을 향해 날아오른 이카로스처럼.

이케가이철공은 업계의 정상까지 올랐다가 이카로스처럼 추락했다.

업계 정상까지 올랐다 추락하다: 이케가이철공

이케가이철공은 일본 최초로 선반을 제작한 일본 공작기계 산업의 원조 업체이다. 1898년 영국식 선반을 복제했고, 1905년 미국인의 지도를 받아 자체 선반을 제작했다. 1937년에는 경장갑차용 디젤엔진을 납품했으며 패전 직후에 해체됐다. 디젤엔진 등 군수 부문은 코마츠제작소에 흡수되고 공작기계 부문만 남았다.

1965년 베스트셀러 선반 A20으로 일본기계학회상을 수상하며 기술수준이 최고조에 이르렀다. 그러나 이때부터 기술자들이 자만심에 빠졌다. 밀랍이 녹고 깃털이 떨어져나가는 격이었다. 비즈니스와는 무관하게 고성능과 고품질에 집착했고, 남의 말을 잘 듣지 않고 고집을 부리는 장인 기질의 직원들도 늘어났다. 또 본업에 충실하기보다는 문어발식으로 사업을 확장했다. 윤전기, 디젤엔진, 트럭에까지 손을 댄 것이다.

경쟁자인 오쿠마, 야마자키마작, 모리정기와 같은 대기업들은 모델 라인업을 늘리는 전문화 속의 다각화 전략을 세웠다. 반면 중소기업들은 소형선반의 츠가미, 드릴가공기의 브라더와 같이 특정 품목에 특화하며 생존을 모색했다. 그러나 중간 규모의 이케가이는 그 사이에 끼여 시장을 잠식당했다.

적자 수주도 몰락을 재촉했다. 공작기계는 제조업 경기에 따라 호황과 불황을 반복하므로 크게는 2배 가까이 수주량 차이가 난다. 호황기에 벌어 자본을 축적했다가 불황기에는 적자 수주를 해서라도 시장점유율을 지키지만, 체력이 달리는 이케가이는 이것을 견디지 못했다.

재무구조가 악화되면서 주거래 흥업은행 출신들이 사장으로 부임했다. 구조조정으로 은행식 관리가 시작되었지만 직원들은 이를 살리지 못하고 혁신보다는 자료 편집과 데이터 만들기에 몰두했다.

결국 이케가이는 2001년 도쿄지방법원에 민사재생절차를 신청했고, 2004년 상하이전기총공사에 인수된 후 2014년 대만 기업에 다시 팔렸다. 공작기계 원조의 완벽한 추락이었다.

재기하여 다시 날아오르다: 일본전자

반면에 추락했다가 재기에 성공하고 다시 날아오른 기업도 있다. 일본전자다.

1945년 2차 세계대전에서 패전하고 돌아온 해군장교들은 군복을 벗고 제조업에 뛰어들었다. 일본전자도 퇴역 해군장교가 세운 업체로, 1956년에 전자현미경을 개발하여 프랑스의 원자력연구소에 납품했다. 매우 이른 시기에 연구장비 기술력을 축적했기에 우수한 인재들이 몰려들었다. 그리 크지 않은 업체였지만 1970년대에는 이공계 대졸 구직자들이 가고 싶은 회사 10위 안에 들기도 했다.

그런데 우수한 인재들이 너무 몰려들며 예상치 못한 부작용이 발생했다. 똑똑하고 자신감이 넘쳤던 연구원들이 사업이 아니라 발명을 하기 시작한 것이다. 이들은 반도체, 레이저발진기, 비디오레코더 등 지금은 일상적으로 사용하는 제품이지만 1970년대에는 이론 수준에 머물렀던 기술을 개발하기 시작했다. 그러나 이는 사업화로 이어지지 못했다. 돈 안 되는 연구를 계속한 회사는 부채를 견디지 못했고, 직원 3천 명 중 1천 명을 해고하기에 이르렀다.

이후 1980년대에도 영업이익률이 1% 수준에 머무르며 고전했다. 하지만 다행히 일본 정부가 과학기술 입국을 모토로 막대한 예산을 투입했고, 대학들이 장비를 구매해주며 살아남을 수 있었다.

2008년 금융위기로 다시 한번 위기가 닥쳐왔지만, 일본전자는 이번에는 제대로 대응했다. 대증적 처방이 아니라 근본적인 문제를 해결하기 위한 구조조정을 단행한 것이다. 수십 년간 투자한 핵자기공명장치 사업 부문을 정부계 구조조정 전문펀드인 산업혁신기구에 매각하고 비주력사업 부문을 정리하는 한편, 연구장비 기술력을 바탕으로 반도체와 의료기기 분야에서 신사업을 발굴했다. 또 연구장비를 판매하는 데 그치지 않고, 고가의 연구장비를 구매하기 어려운 대학과 연구소에 분석 서비스도 제공했다. 제조업에서 서비스업으로 비즈니스 자체를 재정의한 결과였다. 그리고 이런 노력으로 회사는 안정을 되찾았다.

2017년 요아힘 프랑크, 자크 뒤보셰, 리처드 헨더슨은 원자 단위 관찰이 가능한 클라이오 전자현미경 이론으로 노벨화학상을 수상했다. 일본전자는 이들의 이론을 제품화하며 "일본전자의 전자현미경 없이는 노벨상을 꿈꿀 수 없다"라는 말을 들을 정도로 과거의 명성을 되찾았다. 사업이 정상화되면서 산업혁신기구에 넘겼던 핵자기공명장치 사업부문도 다시 사들였다. 추락한 이카로스가 다시 날아오른 것이다.

이케가이철공과 일본전자의 세 가지 시사점

이케가이철공과 일본전자의 사례는 우리에게 세 가지 시사점을 준다.

첫째, 잘나갈 때 조심하라.

위기는 정점에서 닥쳐왔다. 이공계 우수인력들이 넘쳐나고 학회상을 수상할 정도로 기술이 최고조에 달했을 때, 비극이 시작되었다. 1등의 적은 2등이 아니라 자만과 방심에 빠진 자기 자신이기 때문이다.

둘째, 위기에 대응하는 자세다.

일본전자는 근본적 혁신을 했다. 제조업에서 서비스로 비즈니스를 재정의했다. 반면에 이케가이는 관리를 통한 점진적 개선에 머물렀다. 이러한 차이가 둘의 운명을 갈라놓았다. 일본전자는 다시 날아올랐고, 이케가이는 날개 없는 추락을 했다.

마지막으로 정부의 대응이다.

이케가이의 파산으로 1천 명 가까운 기술자들이 일자리를 잃었고, 많은 수의 금형기술자들이 중국으로 흡수되었다고 한다. 그 결과 중국의 금형기술은 비약적으로 발전했고, 일본의 금형산업은 뿌리가 흔들리게 되었다. 공작기계 업체의 파산이 금형산업의 경쟁력 저하라는 예상치 못한 파급효과를 불러온 것이다. 이케가이발 나비효과라 할 수 있다.

일본에서는 이케가이의 파산을 시작으로 핵심기술 해외유출 방지를 위한 논의가 활성화되었으며 그 결과 2009년에 ㈜산업혁신기구가 설립된다. 경제산업성이 대주주로, 토요타자동차, 미쓰비시상사 등 제조업체와 미쓰비시, 미쓰이와 같은 초대형 은행Mega Bank들이 참여한 구조조정 전문펀드다. 저력은 있으나 일시적 어려움을 겪고 있는 기업들을 인수하고 경영자를 파견해서 구조조정을 하고 주인을 찾아주는 역할을 한다.

㈜산업혁신기구 덕분에 일본전자는 핵자기공명장치 사업 부문을 보존할 수 있었다. 국가적으로는 핵심기술 유출을 막았고, 15억 엔에 매입해서 30억 엔에 되팔았으니 국가 재정에도 이득이 되었다.

★★★

우리의 경우 산업은행과 같은 금융권이 채권자로서 한계기업의 구조조정을 추진해왔다. 여러 가지 성과도 있었지만, 전문성이 떨어진다는 비판도 없지 않았다. 대안의 하나로 일본의 ㈜산업혁신기구와 같은 전문펀드를 살펴보는 것도 필요하다.

9

흩어져 살고 뭉쳐서 싸워라

중소기업과 대기업은 강약점이 다르다. 중소기업은 한 분야를 깊게 파고들 수 있으나, 여러 분야를 엮어서 부가가치를 높이는 통합능력은 약하다. 또 대기업에 비해 자금동원 능력이 제한적이어서 여유 생산능력을 확보하기 어렵다.

또한 올림픽 특수와 같은 단발적 수요에 대응하는 것도 쉽지 않다. 모두 그런 것은 아니지만, 별도의 연구소를 두거나 기술개발 전담조직을 충분히 갖추기도 어렵다. 좋은 아이디어가 있어도 상용화하지 못하거나, 여력은 있지만 아이디어가 없는 경우도 있다. 이렇게 약점을 가진 중소기업들이 서로 연계하고, 힘을 합쳐 경쟁력을 높여 나가는 사례들을 살펴보자.

오타공업단지의 자전거 네트워크

일본 수도의 관문 하네다 공항 근처에는 오타공업단지가 있다. 재료를 깎고, 다듬고, 닦고, 두드리는 데 특화한 작은 업체들이 모여 제조업을 뒷받침하는 뿌리산업 클러스터라고 할 수 있다.

오타공업단지는 1960년대에 대기업 하청업체로 시작한 철공소와 같은 작은 공장들이 모이면서 이루어졌다. 계열 대기업으로부터 주문을 받아 납품하는 전형적인 전속형 영세기업이었다. 이들은 1980년대의 석유파동 이후 일감이 줄어들면서 여러 거래처에 납품을 시작했고 그 과정에서 절삭, 연마, 소성가공 등 특정 분야에 고도의 기술력을 축적한 장인기업이 키워졌다.

오타공업단지에서는 절삭은 A, 연마는 B, 열처리는 C와 같이 이웃 공장과 공정을 연계해서 완성도 높은 제품을 납품한다. 이런 시스템을 이웃에 있는 동료를 의미하는 '나카마'에 전달한다는 의미의 '마와시'라는 단어를 붙여 '나카마 마와시'라고 한다. 부품을 실어 나르는 데 자전거를 이용해서 '자전거 네트워크'라고도 부른다. 자전거로 연락이 될 만큼 가까운 곳에 경쟁력 있는 공장들이 집적해 있기에 가능한 방식이다.

이런 특징 때문에 오타공업단지에는 예전부터 우스갯소리 하나가 전해진다.

"오타공업단지에 있는 건물 하나를 골라 옥상으로 올라가라. 옥상에서 설계도로 종이비행기를 접어 날려라. 내일 그 자리에 가면 부품이 만들어져 있을 것이다."

실제 사례를 살펴보자. 도키와정기는 1900년에 창업한 유압밸브 이음매 생산업체다. 이음매 업체는 2000년대 들어 값싼 인건비를 쫓아 중국으로 공장을 옮겼다. 그러나 중국으로 가지 않고 일본에 남은 도키와는 납품단가 인하를 요구받았다. 30%에 가까운 살인적 후려치기였다. 영업이익률이 한 자릿수에 불과한 영세업체에는 사형선고나 다름없었다.

도키와는 이웃 공장의 도움으로 생산방식을 혁신하여 50%에 달하는 원가절감을 이루며 위기를 극복했다. 기존에는 두꺼운 파이프를 자르고 서로 이어 붙여 부품을 생산했다. 이 방법은 원자재 일부를 절삭할 수밖에 없어 재료의 손실이 컸다. 도키와는 두꺼운 파이프를 자르지 않고 구부리는 생산방식을 개발했다. 구부릴 때 뒤틀림이 생겨 업계에서는 사용하지 않는 방식이었지만, 오타공업단지의 전문 업체들과 해결책을 찾아낸 것이다.

이 부품은 도키와가 아니라 'SHFM사가 만든 부품'이라고 부른다. 제작은 S사, 굴절가공은 H사, 양산장치 설계는 F사, 종합기술은 M사가 담당하여, 각 머릿글자를 합쳐서 SHFM이 되었다.

직원의 분사를 장려한 ㈜미즈박의 노렌와케

일본에서는 오래된 식당 등의 장수업체를 일러 '노포老舗'라고 쓰고 '시니세'라고 읽는다. 시니세는 '모방한다'는 뜻의 '시니스'에서 유래한 단어로 가업을 계속 이어간다는 뜻이다.

노포들은 노렌을 걸고 장사를 시작하는데, 노렌은 상점 입구의 처마 끝이나 점포 입구에 치는 무명 천으로 만든 막으로, 보통 대나무에 걸쳐져 있다. 독특한 문양이 들어가 있는 노렌은 대대로 물려 내려오며, 오래된 상점의 전통과 가치를 상징한다. 견습에서 출발해 기술을 갈고 닦아 혼자 독립할 만큼 성장한 직원들이 분가하게 되면, 나눈다는 의미의 '와케'를 붙여 '노렌와케'라고 한다.

식당뿐만 아니라 소부장 중소기업도 노렌와케를 한다. 1958년 창업한 ㈜미즈박을 살펴보자. 이 업체는 무급유 진공펌프를 제작하는데, 이것은 기름을 쓰지 않는 펌프로 소음이 거의 발생하지 않는다. 은행의 ATM기, 미세먼지 측정장치 등 다양한 장비에 쓰이는 부품으로, 일본에 있는 ATM기 대부분에는 이 펌프가 들어가 있다.

진공펌프 시장은 처음에는 작았다. 한 달 생산량이 10대 정도에 그쳤다. 그러나 차츰 응용분야를 넓혀가면서 월 생산량이 1천 대까지 늘어났고, 시장이 커지자 대기업도 관심을 가지기 시작했다. 갑작스런 주문 폭주에 대응하지 못한 미즈박은 무리해서 설비투자를 하기보다는 직원들의 분사를 장려했다. 미즈박이 기술과 설비를 지원하고, 평상시에는 각자 독립적으로 운영하다가 대량발주가 나오면 일감을 나눈다. 이렇게 유휴설비를 최소화하면서도 대기업 수준의 대량생산이 가능한 유연 생산체계를 구축했다. 지금은 6명이 독립해서 일본 전국에 공장을 운영하고 있다.

노렌와케는 수요변화가 심한 품목에 적용할 수 있는 똑똑한 전략이다. 다만, 수십 년 동안 한솥밥을 먹고 일한 동료애와 신뢰가 뒷받침되어야 가능한 방법이다.

아이디어와 중소기업의 결합, 아이디어공방

다케우치 히로시는 일본 금형계의 에디슨이다. 탁상형 사출성형 장비를 만들어 제1회 일본 제조업 대상을 수상했다1부 3장 '괴짜들' 참고. 다케우치는 1985년 일간공업신문의 월간지 『형 기술』에 금형 관련 기술자료를 연재했다. 전국의 이공계 교수, 현장 기술자들과 의견을 교환했고, 점점 논의에 참여하는 사람들이 늘어나 60여 명 규모의 공동조합, 아이디어 공방으로 발전했다.

아이디어 공방은 누군가 아이디어를 내면 중소기업이 이를 신제품으로 구현한다. 매출이 발생하면 아이디어를 낸 사람에게 4%를 주고, 3%는 공방 운영비로 사용하며, 제품에는 아이디어를 낸 사람의 이름을 붙여준다. 이런 방식으로 성공한 제품이 많은데, '미스터 가네코'라는 별명이 붙은 반도체 검사장비부터 실린더 세정기, 금형용 마이콘 등 종류도 다양하다. 아이디어는 있지만 발명 수준에 머물고 있는 사람들과, 기술은 있으나 무엇을 만들어야 할지 모르는 중소기업들이 만나 시너지를 발휘하는 좋은 사례다.

이종업계 연계사업의 모범, 광역강자연합

토세이일렉트로빔은 1977년 창업한 레이저 가공업체다. 토세이는 2002년 도쿄, 도치기, 오사카, 시가, 후쿠오카에 가공 전문기업과 함께 파이프테크넷이라는 협력 네트워크를 구축했다.

토세이는 난이도가 높은 가공 업무를 수주해서 가장 잘하는 업체에게 세부 공정을 맡기는 코디네이터 역할을 했다. '광역강자연합'이라고 불리는 이 네트워크를 활용하여 소행성 탐사선 하야부사, 점보 여객기, F15전투기, 혼다 F1머신에 들어가는 부품을 가공했고, 특수부품 가공 분야 최고 수준의 업체로 성장했다.

토세이와 광역강자연합의 이와 같은 사례는 일본 정부가 서로 다른 업종 간 협업을 촉진하기 위해 추진한 이업종연계사업 1호로 인정되었고, 공존을 추구하는 기업으로 중소기업청 백서에도 실렸다.

★★★

철새가 이동할 때 맨 앞자리에 서는 개체가 가장 에너지 소모가 많다고 한다. 그런데 한 마리가 전담하여 이끄는 것이 아니라 무리 모두가 한 번씩 교대로 이 자리를 맡으며 에너지 소비를 최적화한다. 펭귄도 마찬가지다. 펭귄은 무리를 지어 혹한의 바람을 견딘다. 바깥쪽에 선 펭귄이 불리할 수밖에 없는데, 안쪽 펭귄과 바깥쪽 펭귄이 나선형으로 원을 그리며 서로 자리를 바꾸어 교대한다.

변화 속에서 생존을 모색해야 하는 소부장 기업들에게 협력은 중요한 전술 중 하나다. 그러나 철새와 펭귄에게서 볼 수 있듯, 협력은 단순히 이타적인 행동이 아니라 철저한 거래다. 받은 만큼 줄 수 있어야 무리에 낄 수 있다. 경쟁력을 갖추지 못하면 무리에 들어갈 수도 없다. 뭉쳐서 싸우기 전에 흩어졌을 때에도 살아남을 수 있는 힘을 키우는 것이 중요하다.

10

고객은 항상 옳다

"자장면 시키신 분~." 1990년대에 방송되었던 광고 카피다. 마라도에서 자장면 한 그릇을 시켜도 배달해준다는 내용이었다. 고객중심 경영이 식상해질 정도로 일반화된 요즘에는 별다를 게 없는 카피지만 당시에는 유행어가 될 정도로 인기가 있어서, 광고에 출연한 개그맨은 유명세를 몰아 자장면 체인점을 열고 전국에 400여 개의 점포로 확장하기도 했다.

이 역시 오래된 이야기지만, 자장면 배달이라면 설성반점의 배달원 '번개'를 빼놓을 수 없다. 1990년대, 안암동 고려대학교 캠퍼스에서는 대학생들이 자장면을 배달시켜 먹곤 했다. 휴대폰이 없던 시절이라 근처 공중전화를 사용해 주문할 수밖에 없었다. 한 학생이 공중전화로 자장면을 주문하고 돌아왔더니, 친구들은 이미 자장면을 먹고 있는 중이었다는 얘기다. 이렇게 빛의 속도로 자장면을 배달한다고 해서 번개라는 별명을 얻은 이 배달원은 TV 다큐멘터리 프로그램 ≪인간극장≫에 소개되었고, 나중에 그의 이름을 딴 식당도 열었다.

이 이야기를 예로 들며 어느 경영학 원론 수업에서는 마라도 자장면 배달은 고객만족, 설성반점 번개는 고객 기절이라고 설명했던 일화도 있다.

성공한 소부장 업체들의 공통분모도 바로 고객만족이다. 하지만 고객만족을 이끌어내는 방식은 다양하다.

고객이 부르면 어디든 달려간다: 동화전기제작소

첫 번째는 고객이 부르면 어디든 달려간다는 유형으로, 마라도 자장면 배달과 유사하다고 할 수 있다. 1963년에 창업한 홋카이도의 동화전기제작소를 예로 들 수 있다. 이 업체는 오징어 채낚기라는 전통적인 어부들의 움직임을 기계화한 장비를 생산하는데, 간단한 장비 같지만 여기에는 만만찮은 기술이 들어 있다. 줄을 감아올리는 드럼에 요동보정 기능을 넣어 잡힌 오징어를 놓치거나 다리가 잘려나가는 것을 막고 어획량을 늘렸다. 이 자동관리 기능으로 어부 1명이 64대의 장비를 운영할 수 있다.

작은 시장이지만 예전에는 40여 개 업체가 난립했던 경쟁이 치열한 시장이었고, 현재는 이 업체가 세계시장의 40%를 장악하고 있다.

이 기업이 경쟁사를 물리칠 수 있었던 비결은 철저한 고객중심주의다. 주 고객은 대부분 원양어선들인데, 아르헨티나 해역에서 조업을 하다가 장비에 문제가 생겼다고 연락하면 기술자가 남미까지 날아가 고쳐준다. 또 기술자들을 정기적으로 조업선에 태워 현장에서 발생하는 문제를 직접 눈으로 확인하고, 다음 모델 개발에 반영한다. 그야말로 고객과 한 배를 탄 기업인 셈이다.

고객보다 먼저 움직인다: 제안형 영업

두 번째는 고객보다 먼저 움직이는 기업들이다. 설성반점의 번개와 유사하다. 일본에서는 이를 '제안형 영업'이라고 부른다. 예를 들어 금속 재질의 부품을 플라스틱으로 바꾸는 소재 개량으로 신차의 경량화에 기여하는 기업, 인쇄회로기판의 불량 검사 방식을 자동화하는 장비를 개발해서 전자업체의 인건비를 절감해주는 기업들을 말한다. 이러한 기업들은 고객이 부르기 전에 앞으로 나아가, 고객들이 생각조차 하기 전에 혁신을 일으킨다.

소니의 8㎜ 캠코더 개발 이야기를 예로 들어보자. 1980년대의 VCR 표준경쟁에서 소니는 완패했다. 소니의 베타 방식은 기술적으로 우수했으나, 라이선스 공개 정책으로 여러 업체들과 힘을 합친 JVC사의 VHS 방식에 밀렸다. 소니는 역전을 노리고 극비리에 8㎜ 방식의 초소형 캠코더 개발에 착수했다.

그러던 중 부품 생산업체를 물색하던 영업 담당으로부터 급한 연락이 왔다. 캠코더 개발계획이 유출된 것 같다는 보고였다. 한 업체에 8㎜ 캠코더용 부품의 생산 가능 여부를 타진했는데, 이 업체가 이미 개발된 부품을 내놓았던 것이다. 도면이 유출되지 않았다면 불가능한 일이었다.

나중에 알려진 일이지만, 이 업체는 소니의 개발계획을 예상하고 그에 적합한 부품을 이미 개발해둔 상태였다. 이를 알게 된 소니가 모자를 벗고 고개를 숙였다고 전해진다.

고객이 부를 필요가 없도록 만든다: 주켄공업

세 번째는 고객이 자신을 부를 필요가 없도록 만든 기업들이다.

1965년 아이치현에서 창업한 플라스틱 사출성형 전문업체 주켄공업을 예로 들어보자. 주켄은 부품을 납품할 때 수요업체가 따로 검사작업을 할 필요가 없다고 한다. 불량부품이 없을 것이므로 굳이 인건비를 들여 체크할 필요가 없다는 말이다. 또 장비를 납품할 때는 애프터서비스도 제공하지 않는다. 다음 모델이 나올 때까지 고장이 나지 않을 것이기 때문에 수리도 필요 없다는 것이다.

이는 자사 제품에 대한 자신감과 수요업체의 절대적인 믿음이 없다면 성립할 수 없는 비즈니스다. 아무나 도달할 수 없는 고객만족의 끝판왕이 아닐까?

★★★

그렇다면 우리 소부장 업체들에 대한 고객만족 수준은 어느 정도일까? 일본 대기업에서 조달업무를 하다 은퇴한 전문가들에게 물어보았다. 이들은 정부 지원을 받아 KOTRA 대한무역투자진흥공사에 고용된 컨설턴트로, 국내 중소기업들과 일본 대기업들을 이어주는 역할을 하고 있다.

이들은 대부분 독특한 아이디어, 놀라운 속도감, 빠른 의사결정, 합리적인 가격 등 한국 중소기업들의 장점을 칭찬하는 한편 다음과 같이 따끔한 충고도 잊지 않았다.

"한국 중소기업들은 담당자가 너무 자주 바뀐다. 후임자와 인수인계를 안 하는지, 처음부터 사업을 다시 설명해야 한다. 업무가 잘 진행되다 연락이 뜸해져서 메일을 보내보니 사업부서 자체가 없어졌다."

또 이런 지적도 있었다.

"부품소재는 한번 거래가 성사되면 잘 바꾸지 않는 장기 거래다. 기본이 안 되어 있으면 아무리 제품이 좋거나 가격이 싸도 거래하지 않는다. 기본을 제대로 하라."

아픈 지적이 아닐 수 없다.

우리 기업들도 고객만족은 신뢰가 기본이라는 것을 잊지 말아야 할 것이다.

11

제조문화를 전파하라 _봅슬레이

일본은 6중고[06]로 많은 공장들이 해외로 떠났다. 대기업이 해외로 떠나자, 소부장 협력업체도 따라 나가거나 일감이 줄어 문을 닫았다.

일본 제조업의 뿌리로 여겨지는 오타공업단지도 예외가 아니었다. '잃어버린 20년' 동안 공장 수가 3분의 1로 줄었다. 1983년에는 입주기업이 9,177개였으나, 20년간 5,696개가 문을 닫거나 해외로 떠나고 2014년에는 3,481개만 남았다. 공장들이 떠난 자리에는 맨션들이 들어섰고, 담장 너머 공장과 맨션이 혼재하는 이색적 도시 풍경을 이루고 있다.

일본 국내에 남은 공장들은 일손 부족으로 고통받았다. 일본은

06 '6중고'란 엔화 강세, 전력 부족, 높은 법인세율, FTA 지연, 탄소배출량 규제, 노동규제의 6가지 어려움을 지칭한다. 2011년 토요타자동차의 정기 주주총회에서 토요타 아키오 사장이 "경영환경이 갈수록 어려워지고 있다"라며 처음 사용한 이후, 일본 경제계의 고충을 반영하는 용어로 쓰이고 있다.

한국과 반대로 구인난을 겪고 있다. 2018년 기준 유효 구인배율이 1.59로 한국은 0.60 일할 사람은 1명인데 원하는 사람은 이보다 많은 1.5명이다. 제조업은 더하다. 힘들고 키츠이, きつい, 더럽고 키타나이' きたない, 위험 키켄' きけん 한 3K로 불리며 청년들이 일하러 오지 않는 것이다.

오타공업단지의 부활과 봅슬레이 이야기

오타공업단지가 영광을 되찾고 청년들을 불러올 방법은 없을까? 업체들은 논의를 거듭해 2014년 소치 동계올림픽을 앞두고 봅슬레이를 만들기로 의견을 모았다.

봅슬레이는 제조기술의 집합체다. 봅슬레이의 날개는 항공기 블레이드 기술을 사용한다. 마그네슘, 티타늄, 탄소섬유와 같은 첨단소재를 사용하고 절삭, 연마, 표면처리 등 고도의 뿌리기술이 접목되어야만 가볍고 빠른 봅슬레이를 만들 수 있다. 페라리, BMW도 봅슬레이를 만든다. 기술력을 높이고 홍보를 위해서다.

출발은 좋았다. 2011년 추진위원회를 발족하고 세간의 이목을 모았다. 참여자도 줄을 이어, 오타구의 150개 업체가 자원했다. 신칸센, NASA 인공위성, 일본 우주항공연구개발기구의 로켓 제작에 실력을 발휘한 장인 400여 명이 팔을 걷어붙였다.

응원도 이어졌다. 1년차에는 오타구가 예산을 지원했고 일본 정부도 힘을 보탰다. 2~3년차에는 일본의 브랜드 육성사업으로 선정하여 예산을 밀어주었다. 히카리TV, ANA, 이토추상사, 도시바로부터 3천만 엔을 기부받는 등 대기업의 지원도 받으며 많은 기대 속에서 봅슬레이 2대를 만들었다.

2014년 소치 동계올림픽에는 일본 대표팀이 오타구 봅슬레이를 선택하지 않았다. 그러나 2016~2017년 유럽 선수권대회에 루마니아 선수가 오타구 봅슬레이를 타고 출전했고, 2018년 오스트리아 시니어 유럽컵에서는 5위에 입상했다.

오타공업단지는 일본 대표팀 대신에 자메이카 대표팀과 2018년 평창 동계올림픽 출전을 준비했다. 자메이카 대표팀은 2대의 봅슬레이를 후보로 두었는데 하나는 오타구 봅슬레이, 다른 하나는 BTC Bobsleja Techniskais Centrs 제품이었다. BTC는 전직 봅슬레이 선수가 만든 라트비아의 봅슬레이 공방으로, 개발단계부터 선수들이 참여하여 만드는 업체이다. 페라리, BMW와 어깨를 나란히 하는 강소기업이며, 한국 대표팀도 BTC 봅슬레이를 사용하고 있다.

기대가 크면 실망도 큰 법. 평창 올림픽 직전에 결국 자메이카 대표팀은 오타구 봅슬레이 대신 BTC를 선택했다. 불길한 조짐도 있었다. 대표팀들은 여러 봅슬레이로 경기에 출전해보고 올림픽에서 탈 봅슬레이를 최종 선택하는데, 오타구 봅슬레이는 북미컵에서 1위보다 1초 이상 뒤진 것이다. 반면 BTC는 월드컵에서 1초 이내로 격차를 줄이며 더 나은 성적을 보여주었다.

실망은 비난으로 이어졌다. “자메이카 대표팀에 무상으로 봅슬레이를 공급한 게 잘못이다”, “올림픽 경기 규정에 어긋나 경기 출전을 못 한 것이다”, “자메이카의 계약 위반이니 소송을 해야 한다”는 등의 주장까지 나왔다. 그러나 오타공업단지는 포기하지 않았다. 집행부를 다시 구성하고 참여 기업을 오타공업단지에서 전국으로 확대했다.

오타공업단지의 봅슬레이는 현재 진행형이다. 여러 우여곡절이 있었지만, 봅슬레이로 제조업의 가치와 즐거움을 전달하려는 오타구의 노력은 평가할 만하다.

제조강국에는 제조문화가 있다

일본은 제조문화를 전파하기 위한 다양한 노력을 해왔다. 일본 경제산업성은 2007년 33개의 근대화산업유산군과 575개의 개별 근대화산업유산을 선정했다. 홋카이도 제지업, 요코하마 무역항, 추부 기계공업, 후쿠이 섬유산업 등을 주제로 에도 막부 말기부터 2차 세계대전 이전까지, 근대 산업유산 시설을 관리대상으로 지정해서 제조문화를 전파하고 관광 등 지역경제 활성화와도 연계하고 있다.[07]

07 2015년 세계유산위원회(World Heritage Committee: WHC)는 일본 근대산업시설 23개소의 세계유

제조업과 거리가 먼 궁내청도 제조업에 관심이 많다. 아키히토 상왕은 주기적으로 제조현장을 방문했는데, 1998년까지는 도쿄전력, 닛산자동차, 소니, 신일철현 일본제철과 같은 대기업을, 1999년부터는 오카모토초자치과 반사경 세계시장 80% 점유, 스미다광학광파이버 세계시장 60% 점유, 야마시타전기, TOC 등 중소 제조업체를 찾아 과학기술과 제조문화에 대한 여론을 환기시켰다.

전일본팽이대전도 빠뜨릴 수 없다. 팽이대전은 일본 전국 중소 제조업체들이 지름 20㎜, 1엔 동전 크기의 팽이를 만들어 팽이 싸움을 하는 대회다. 업체들은 팽이를 만들며 절삭, 선반 등 자신의 제조능력을 최대한 활용한다. 이 대회는 NHK 방송 사상 최고 시청률을 기록할 정도로 인기가 있고, 기업의 입장에서는 홍보효과도 크다. 2012년에 시작한 이 대회의 첫 우승자는 1장에서 소개한, 로켓을 만드는 중소기업 유키정밀이다.

언론도 힘을 보태고 있다. "프로페셔널 직업의 방식"NHK, "현

산 등재를 결정했다. 23개 시설 중 군함도 탄광, 미이케 탄광, 다카시마 탄광, 야하타 제철소, 미쓰비시 조선소 내 3개 시설 등 7개 시설에서 한국인 등 강제 노역 피해가 발생했으며, WHC는 각 시설의 전체 역사를 이해할 수 있는 해석 전략을 마련할 것을 권고하였다. 일본은 1940년대 일부 시설에서 수많은 한국인 등이 본인 의사에 반해 동원되어 가혹한 조건하에서 강제 노역한 사실을 이해할 수 있는 조치를 취하고, 인포메이션 센터 설치와 같은 희생자를 기리기 위한 적절한 조치를 해석 전략에 포함시키겠다고 약속했다. 그러나, 일본 정부가 2020년 6월, 공개한 도쿄 소재 일본 산업유산정보센터 전시 내용에는 WHC 권고 및 일본이 약속한 후속조치를 이행하지 않았다. 강제노역 사실을 부정하는 내용의 증언 및 자료들만 전시하고, 전시 내용에는 강제 노역 희생자를 기리기 위한 조치가 전무했다. (외교부)

자의 선택"닛케이CNBC, "캄브리아궁전"테레비도쿄, "엑설런트 컴퍼니"테레비도쿄, "BEAT 시대의 고동"요미우리티비 등 제조업과 경영자를 조명하는 프로그램으로 일반인들에게 제조문화와 기업가 정신을 전파한다.

★★★

청년들의 제조업 기피가 심각한 것은 우리나라도 마찬가지다. 제조업의 뿌리라고 할 수 있는 주조, 금형, 소성가공, 용접, 표면처리, 열처리 등 6대 업종은 더욱 상황이 어렵다. 이들 6대 업종은 기업 수 2만 5천 개, 고용인원 53만 명으로 전체 제조업 일자리의 13%를 차지하지만 더럽고Dirty, 위험하고Dangerous, 어렵다Difficult는 부정적 이미지3D 때문에 만성적인 인력부족 상태다. 청년들이 떠난 자리를 외국인과 중장년층이 메우면서 외국인 근로자는 2배 늘었고2014년 2만 4천 명, 2016년 4만 2천 명, 50대 이상 근로자가 전체의 60%가 넘는다. 고령화로 업계 전체의 활력이 떨어지고 있는 상태이다.

정부는 수년 전부터 세금 면제, 고용장려금 지급 등 여러 시책들을 추진 중이다. 여기에 더해 오타구의 봅슬레이와 같이 제조업에 대한 청년들의 생각을 바꿀 수 있는 프로젝트를 추진해보면 어떨까? 봅슬레이가 아니라면 김연아의 피겨스케이팅, 이보미의 골프채 등도 생각해볼 수 있다.

일본에 근대문화유산과 장인정신이 있다면, 한국에는 유에서 무를 창조한 주력산업 기술자들과 세계를 놀라게 한 IT DNA가 있다. 용산디지털단지, 문정동 공구상, 영등포 방직공단 등 재조명해볼 만한 근현대 산업문화의 유산도 많으니 재도약의 기회는 충분하다.

핵심 메시지

일본의 성공과 실패로부터 뽑은 11가지 교훈

- 차별화: 틈새전략은 다양성과 차별화를 핵심으로 하는 소부장 산업에서 가장 중요한 전략이다.

- 유연성: 한 분야를 깊게 파고들되, 시대의 흐름에 대응하며 끊임없이 변화해야 한다. 이것이 바로 수천 년 전에 생겨난 일본 장수기업들이 생존한 비결이다.

- 도전: 스포츠는 소부장 기업에게 도전의 기회를 주는 분야이다. 일본이 내연차 시대에 F1을 활용했다면, 우리는 전기차 시대에 대비해 FE와 같은 미래 스포츠를 활용하자.

- 혁신: 혁신은 상식의 뒷면에 있다. 상식을 깨뜨릴 수 있는 도전과 모험의 문화를 조성해야 한다.

- 창업: 산업 밸류체인의 깊숙한 곳에 있는 소부장 산업에서는 신규 창업보다는 중도 창업이 좀 더 효과적인 창업방식이다. 연구 중심형 스핀오프 창업에 주목해야 한다.

- 기술: 기술이 성공을 보장하는 것은 아니다. 품질, 원가, 납기 등 경쟁자가 따라올 수 없는 격차를 어디에서 만들어낼 것이냐가 중요

하다. 기술은 전략을 뒷받침할 뿐이다.

• 자원배분: 자원 동원력에 제약이 있는 소부장 중소기업은 '하지 말아야 할 일'을 잘 정해서 자신의 역량을 집중해야 한다. 그래야만 더 크고 강력한 대기업과 상대할 수 있다.

• 위기대응: 위기는 정상에 섰을 때 갑자기 닥쳐온다. 1등 기업의 경쟁자는 2등이 아니라 자만심과 나태함에 빠진 자기 자신이다.

• 협력: 협력은 소부장 중소기업이 대기업들과 경쟁하기 위한 중요한 전술 중 하나다. 다만, 스스로 강해져야만 협력도 할 수 있다.

• 고객관리: 한 번 거래를 하면 잘 바꾸지 않고 오랜 기간 동안 거래가 유지되는 소부장 산업에서 고객은 소부장과 운명을 같이하는 파트너이다. 고객만족에는 여러 방법이 있지만 반드시 신뢰가 뒷받침되어야 한다.

• 문화: 제조강국에는 제조문화가 있다. 일본에 장인정신이 있다면, 우리에게는 무에서 유를 창조하는 기업가 정신과 IT DNA가 있다. 우리가 가진 잠재력을 끌어낼 수 있는 제조문화를 전파해야 한다.

일본의 수출규제 및 주요 경과

수출규제 주요 일지

2019년

7월	1일	일본, 전략물자 3개 품목 대한국 수출규제 발표
8월	7일	일본, '화이트리스트에서 한국 제외' 시행령 공포
8월	12일	한국, 일본을 화이트리스트에서 제외
8월	28일	일본, '화이트리스트에서 한국 제외' 시행
9월	11일	한국, WTO에 일본 수출규제 제소
11월	22일	한일, 국장급 대화에서 수출관리 논의하기로 합의 한국, WTO 제소절차 정지
12월	20일	일본, 포토레지스트 1개 품목에 대해 수출규제 일부 완화

2020년

3월	11일	한일, 국장급 화상회의 개최
5월	12일	한국, 일본에 수출규제 원상회복 요구(5월 말 시한)
6월	18일	한국, WTO사무국과 주제네바 일본대표부에 패널 설치 요청서 발송

일본 경제산업성은 2019년 7월 1일, 반도체, 디스플레이의 핵심 소재인 고순도 불화수소, 포토레지스트, 플루오린 폴리이미드 등 3개 품목의 한국에 대한 수출규제를 발표하고, 7월 4일부터 발동했다. 기존에는 일본 기업들이 3개 품목을 한국으로 수출할 때 여러 계약 건에 대해 한 번만 종합 허가를 받으면 되어 자유롭게 교역할 수 있었다. 하지만 7월 4일부터는 계약 건별로 정부 허가를 받도록 해 문턱을 높였다.
그해 8월 28일, 일본은 3개 품목의 수출규제에 이어 한국을 안보상 우호국가로 우대하는 화이트리스트 백색국가 리스트 에서 제외했다. 이에 따라 한국은 3개 품목 이외에 비전략 물

자라도 군사전용 등의 우려가 있으면 개별허가를 요구할 수 있는 규제 대상국이 되었다. 일본 정부는 수출규제가 강제징용 배상판결에 대한 보복조치가 아니라고 부인하면서, 명분으로 한국 정부의 재래식 무기에 대한 수출통제 불충분, 수출관리 조직 및 인력 불충분, 한일 양국의 수출관리 정책대화 중단 등 세 가지 이유를 내세웠다.

일본의 수출규제 품목

자료: 동양경제일본 온라인판(2019. 7. 6)

규제 품목	주요 용도	주요 일본 공급업체
고순도 불화수소	반도체 세정공정 사용	스텔라 케미파 모리타화학공업
포토레지스트	반도체의 노광공정 사용	JSR, TOK 신에츠화학, 후지필름
폴리이미드	스마트폰 액정 등 재료	

이에 한국은 2019년 8월 12일 일본을 화이트리스트에서 제외했으며, 9월 11일에는 일본의 수출규제 조치를 WTO에 제소했다. 한일 양국은 국장급 대화에서 수출관리를 논의하기로 합의했고, 이후 한국은 11월 22일에 WTO 제소절차를 일시 정지시켰다.

한국은 일본과의 국장급 정책 대화를 진행하면서 2020년 3월 18일 대외무역법 개정을 완료했고, 무역안보 전담조직을 확대 개편했다. 일본이 수출규제의 명분으로 내세운 세 가지 사항을 모두 정비하고 5월 12일, 일본 정부에 원상회복에 관한 입장을 6월 말까지 밝히라고 요구했다. 그러나 기한이 지난 이후에도 일본 정부의 답변은 없었다. 한국은 6월 18일, WTO 사무국과 주제네바 일본대표부에 WTO 패널 설치 요청서를 발송했다.

일본의 수출규제 조치로 인해 한국은 상당한 경제적 영향을 우려했으나, 현재까지 영향은 제한적인 상황이다. 수출규제 조치 이후 일본은 개별적으로 수출을 허가했고, 한국은 기업의 수입선 다변화 및 국내생산을 지원하여 영향을 최소화했다. 한편 한국의 불매운동 영향으로 일본의 의류, 식품, 자동차, 관광 등 소비재 소비가 감소하면서 일본의 관련 업종은 타격을 받았다.

소부장 경영노트

— 놓치기 아까운 개별 기업경영 사례들 —

① 옛것을 익혀 새롭게 하라

완성차의 대량생산 시대를 연 포드 사의 동적조립라인은 시카고 소도축장 시스템을 벤치마킹했다고 한다. 이처럼 옛것에서 혁신의 아이디어를 찾은 사례는 소부장 분야에도 많다.

프로인트산업은 식빵이나 떡을 알코올에 적신 천을 덮어두었던 전통적 식품보관 방식을 차용하여 1978년에 건조제에 알코올을 첨가한 실리카겔을 발명했다. 사카모토토조상점은 전통 칠공예 기술을 활용하여 불에 잘 견디는 내화성 항공기 내장재, 자동차 내장재를 생산한다. 나자와하코샤는 가마쿠라 시대부터 내려오는 가죽 표면에 미세한 주름을 만드는 기술시보가공을 플라스틱 부품에 적용하여 마찰에 강한 플라스틱 부품을 만들고 있다. 야마즈세라믹스는 도자기 굽는 원리를 세라믹 제조에 활용하여 휴대전화 주파수 필터를 양산하고 있다.

② 행운을 잡아라

YP시스템은 1987년에 창업한 표면처리 업체다. 한 대기업에 화재가 발생했는데, 화재 발생 지점 근처에 있던 YP시스템의 표면처리 장비의 이산화탄소를 분출시켜서 불을 껐다는 이야기가 있다. 물에 약한 전자기기가 있거나 기름으로 화재가 발생했을 경우 기존의 분말식 소화기보다는 이산화탄소로 진압하는 것이 더 효과적이다. YP는 거래처의 이 화재를 계기로 차량용 소형 소화기를 만들어 혼다자동차에 납품했고, 이는 일본의 긴급차량탈출지원용품 규격이 되었다.

③ 지하로 들어간 공장

1973년에 창업한 사이벡코퍼레이션은 2012년 지하 11m에 공장을 건설했다. 진동과 온도변화를 줄여 최적의 가공환경을 만들기 위해서다. 지상은 진동 40dB, 연간 온도변화 30°C인 반면, 지하공장은 진동이 절반인 20dB, 온도차는 20°C 정도라고 한다. 공장이 지하로 들어간 이후에 가공 정밀도가 2배 향상되었다.

야마다마적옵토닉스도 2007년에 지하 12m에 공장을 세웠다. 진동,

분진을 기존보다 30분의 1로 줄여 가공 정밀도를 높였다.

④ 티끌 모아 태산이다

"한 해에 1억 대의 자동차가 생산된다면 와이퍼는 2억 개가 필요하다. 만약 세계 와이퍼의 20%인 4천만 개를 공급한다면, 20엔에 불과한 와이퍼로도 8억 엔 매출을 낼 수 있다. 이런 상품이 10개 정도 있으면 매출 100억 엔도 가능하다."

시그마는 이러한 전략으로 전 세계 와이퍼의 20%를 공급하고, 방범용 게이트, 레이저 부품검사 장비 등 작은 시장을 개척하고 있다.

⑤ 사랑은 힘이 세다

도카이메디컬은 아프리카에 머리끈을 수출하는 회사였는데, 선천성 심장질환을 앓은 딸을 위해 도쿄여자대학과 함께 인공심장 연구를 시작했다. 이후 연구 분야를 인공심장에서 협심증, 심근경색 수술에 사용하는 카테터라는 긴 풍선형 비닐관으로 바꾸어 상용화에 성공했다.

부인과 단 둘이 시작한 도카이메디컬은 카테터 시장의 20%를 차지하고, 종업원 200여 명의 중소기업으로 성장했으며, 딸을 기리는 장학재단을 설립하여 1996년부터 매년 인공심장 등의 연구에 100만 엔을 지원하고 있다.

⑥ 망한 회사를 다시 일으킨 직원들

혈압계 업체 파라마는 부실경영으로 파산했다. 경영진은 사라지고 직원들은 전원 해고되었다. 매출채권 3억 엔, 상품재고 3억 엔, 부품재고 1억 엔이 남았고 파산 관재인이 선임되었다. 남은 18명의 직원들은 파산관재인과 협상해서 채권회수와 재고처리를 대신해주고 수수료를 받았는데, 이후 이 수수료로 상표권과 특허권을 매입하고 회사 재건에 나섰다. 이들은 매출이 늘어날 때마다 직원들을 다시 불러 모으는 방식으로 4년에 걸쳐 거래처의 90%를 복구했고 직원 전원을 복직시켰다.

⑦ '왜'라고 다섯 번 말하라

전동파워스티어링 세계시장의 40%를 차지하고 있는 제이텍트는

1921년 창업한 베어링 업체와 1941년 토요타자동차에서 분리 독립한 공작기계 업체가 합병한 회사이다. 2014년부터 토요타자동차 출신의 아가타 테츠오 사장이 경영을 이끌고 있다. 아가타 사장은 토요타에서 배운 경영관리 방식을 전파하고 있다.

"'왜'라고 다섯 번 말하라"도 그의 관리방식 중 하나다. 예를 들어 기계가 고장나면 "기계가 고장났어요→왜?→모터가 탔습니다→왜?→오일펌프가 막혔습니다→왜?→오일정화장치가 고장 났습니다→왜?→오일 상태를 체크하지 않았습니다→왜?→ 정기점검 시스템이 없습니다"와 같이 다섯 번 이유를 물으면 진짜 기계가 고장 난 이유를 찾을 수 있고, 근본적인 대책을 만들 수 있다는 것이다.

⑧ 많이 실패하라

"연구용으로 수백만 엔의 금형을 구매했는데 전원을 켜자마자 금이 갔다. 좋은 실패라며 직원들을 다독였다."

단조 변속기 기어 세계시장의 70%를 차지한 오오카기연의 저력은 실패를 장려하는 문화에서 나왔다.

또, 휴대전화 매너모드의 아버지라 불리는 코어리스 전동모터 개발자 시라키 마나부는 실패와 성공에 연연하지 말라고 한다. 그는 "실패를 거듭해 성공하면 실패가 아니다. 더 나은 모터가 만들어지면 지금 팔고 있는 모터는 실패가 되는 것처럼, 성공도 실패라고 생각하라. 성공과 실패에 연연하지 말고 계속 앞으로 전진하라"라고 말한다.

⑨ 오는 사람 막지 마라

20년간 수학교사를 하다 기판조립 하청업체를 창업한 미라프로 사장은 "사람은 성城이다. 오는 사람 막지 마라"를 신조로 삼았다. 실제로 경영이 어려워져 실업자가 된 거래처의 기술자들을 받아들였고, 4번 그만두었다가 4번 다시 돌아온 직원들도 있다. 이렇게 들어온 기술자들이 진공장비에 필수적인 벨로스라는 부품을 만든 덕분에 미라프로는 하청에서 벗어났다.

금형업체인 KTX는 직원들의 퇴사가 잦았다. 직원들의 월급을 올려주고 후생복지를 늘려도 퇴사는 줄어들지 않았다. 퇴사한 직원들은 대기업으로 옮기거나 창업을 했으나 모두 성공한 것은 아니었다. KTX는 다시 회사로 돌아오는 직원들을 동기들과 똑같이 대우해주는 직원리턴제도를 도입했고, 다양한 경험을 겪고 돌아온 이 직원들은 회사의 핵심인력으로 활약하고 있다.

⑩ 미래를 확신하지 마라

스마트폰 카메라가 출시되었을 때, 일본 카메라 업계는 "휴대폰 내부 공간이 작아서 카메라 화질 향상이 어려울 것"이라며, "장난감 같은 카메라로 진짜 카메라를 대체할 수 없다"라고 전망했다.

하지만 예측은 빗나갔다. 스마트폰이 카메라를 대체했고, 일반 카메라의 수요는 2000년 1천만 대, 2006년 6,500만 대, 2010년 1억 2천만 대로 증가하다가 2018년에는 6분의 1 수준인 200만 대로 줄었다. 반면 카메라렌즈를 2개 이상 장착한 고성능 스마트폰의 비중은 2018년 37%에서 2020년 73%로 늘어날 전망이다.

⑪ 승자독식

2005년에 아이팟 1대299달러를 팔면 애플 27%, 일본 9%, 대만이 1%, 한국은 30%, 유통업체가 25%를 나누어 가졌다. 10년이 지난 2016년에는 아이폰 1대649달러를 팔면 애플이 45%, 일본 1%, 대만 3%, 한국

1%, 유통업체 15%로 이익을 가져간다. 이처럼 현재는 소재부품 공급 기업의 부가가치가 낮아지고 있고, 디자인설계 업체가 이익을 독식하고 있다.

⑫ 1등도 습관이다

손정의 소프트뱅크 회장은 "안 하면 몰라도 해야 된다고 생각했으면 1등이 되어야 한다"라고 말한다. 음치인 그는 노래로 1등을 해야 한다는 생각은 한 번도 한 적이 없고, 키가 작아서 배구로 1등을 해야 한다는 생각 역시 한 적이 없지만, 사업을 한다면 그냥 1등이 아니라 압도적으로 1등이 되고 싶다고 말한다.

손정의 회장은 보다폰저팬을 인수했다. 한 번도 1등을 해본 적 없는 회사였다. 손 회장은 경영진을 모아놓고 한 달만이라도 좋으니 순이익 1등을 해보라고 말했다. 이후 실제로 한 달간 1등을 달성하고 나자 보다폰저팬의 분위기가 바뀌었다. 우리도 1등을 할 수 있다는 자신감이 생겼고, 2등으로는 만족하지 못하는 1등 DNA가 심어진 것이다.

⑬ 불량품에 힌트가 있다

테후코아오모리는 롤렉스·불가리 등 스위스 고급시계의 문자판, 벤츠·BMW·폭스바겐 등 고급차량의 내부 시계 문자판, 애플·파나소닉·소니·캐논 브랜드의 로고판을 만든 회사다. 이 회사의 나카야마 회장은 다음과 같은 연구개발 격언을 남겼다.

1. 확신을 버려라.
2. 영감을 얻어라.
3. 해보고 후회하자.
4. 발명은 상식의 뒷면에 있다.
5. 산처럼 쌓인 불량품에 힌트가 있다.
6. 이제부터 시작이다.
7. 만족하는 순간, 기술은 정체한다.
8. 과거의 영광은 끝났다.

⑭ 불황을 이겨내는 방법

1949년에 창업한 에이벡스는 2008년 토요타 북비 3공장 폐쇄로 경영위기에 처했다. 주문이 줄어 할 일이 없을 지경이 되자, 사장은 주중 이틀만 출근하고 나머지 5일은 창업정신을 되새기며 다시 공부했고, 장기 근속자들과 인터뷰를 하면서 회사에 대한 애착과 자부심을 불어넣었다. 또, 한가한 지금이 기회라고 생각해서 기술자와 영업 담당을 1개조로 짜서 일본 전국 대기업에 보내는 노력으로 조선, 항공산업에서 신사업을 찾을 수 있었다.

불황에는 남는 인력을 단순작업에 투입하기 마련인데, 에이벡스는 그렇게 하지 않았다. 부품 수납작업을 시키는 대신 자동화 방법을 연구하게 한 것이다. 그 결과 직원들은 300만 엔짜리 자동설비를 50만 엔에 만들어내는 성과를 올렸다.

에필로그

지일극일
知日克日

1. 1982년 고려대학교 민주광장에서는 일어일문학과 신설을 반대하는 시위가 열렸다. 국립 서울대학교는 물론이고, 사학의 또 다른 한 축인 연세대학교에도 없는 일문학과를 민족대학인 고려대학교에 설치하는 것은 있을 수 없다며 학생들이 반대시위에 나선 것이다. 그러자 뜻있는 선배들이 지일극일知日克日, 즉 '일본을 알아야 일본을 넘어설 수 있다'는 논리로 반대하는 학생들을 설득했고, 이듬해인 1983년 일문과가 첫발을 떼었다. 1997년 일문과에 입학한 이후 '지일극일'이라는 네 글자는 나에게도 중요한 나침반이 되었다.

2. 일문학을 전공한 덕분인지 많은 분들의 배려로 산업통상자원부에서 일본 담당 사무관, 주일본한국대사관 1등 서기관, APEC에너지연구소도쿄 선임연구원 등으로 일본 관련 업무를 맡아 일해왔다. 한편

으로는 전자산업과, 소프트웨어산업과, 산업기술협력과 등 소부장 관련 정책 실무를 담당했다.
2019년 일본의 반도체 수출규제 이슈가 발생했을 때는 소재부품 총괄과 서기관으로 일본 현안 대응 업무를 했다. 직장생활의 두 축인 일본과 소부장이 묘하게 교차하는 순간이었다. 그때 이 책을 써야겠다고 마음먹었다.

3. 이 책은 한국 소부장 산업 발전의 길을 찾는다는 목적 이외에 개인적으로 두 가지 의미가 있다. 첫 번째는 '지일극일'이라는 평소의 생각을 실천하는 것이다. 두 번째는 일본과 소부장을 중심으로 해온 직장생활을 중간 정리하고, 앞으로 해야 할 일들을 정리하는 것이다. 졸저로 모교와 선배님들에게 누가 되지 않기만을 바랄 뿐이다. 짧은 식견과 어설픈 내용으로 독자들을 괴롭히는 것은 아닌지 걱정과 두려움도 크다.

4. 우문현답, '우리의 문제는 현장에 답이 있다'는 직장 선배님들의 가르침에 따라 일본 소부장 기업 460여 개를 조사했다. 서적, 논문과 같

은 2차 저작물보다는 경영자들의 목소리를 직접 들을 수 있는 사사社史, 인터뷰, 협회 동정기사 등을 꼼꼼히 보았다. 시련과 고통 없이 성공한 기업과 경영자들은 없다는 것을 알게 되었고, 그들로부터 인생의 큰 교훈을 얻었다. 국적을 떠나 한 인간으로서 제조업을 하는 기업인들께 존경의 마음을 전하고 싶다.

5. 이 책은 하나의 주장일 뿐이며 부족한 점이 많다. 전문가 분들의 가르침은 언제든지 환영이며 그 자체가 기쁨이기도 하다. 나는 한일관계와 소부장 산업에 대한 우리 사회의 고민과 담론은 더 깊어져야 한다고 생각한다. 이는 한국뿐만 아니라 일본도 마찬가지다. 선의의 경쟁자이자 협력 파트너이기도 한 일본이 늦지 않게 제자리로 돌아오길 바란다. 일본 사회가 스스로 옳은 판단을 할 능력이 있다고 믿는다.

6. 감사드려야 할 분들이 많다. 부족한 원고를 읽고 따뜻한 격려와 진심 어린 조언을 해주신 정혁 코트라 전前 일본지역본부장님, 김은영 무역협회 전前 도쿄지부장님, 김양팽 산업연구원 연구원님, 독자의 눈높이에서 원고를 읽어주신 산업통상자원부 오충종 과장님, 김범수

사무관님, 고승진 사무관님, 노형철 사무관님, 우리 사회에 꼭 필요한 책을 함께 만들어보자며 독려해주신 스마트북스 관계자들께 지면을 빌려 감사의 말씀을 올린다.

끝으로 항상 존재만으로도 힘이 되어주시는 양가 부모님과 코로나로 어수선한 도쿄에서 곁을 지켜주고 첫 독자로서 원고를 꼼꼼히 읽어 주었으며, 새로운 영감을 준 영원한 동반자이자 후원자인 윤미와 딸 정원에게 사랑과 감사의 마음을 전한다.

2020년 여름, 도쿄에서

PART 1 일본은 어떻게 소부장 강국이 되었는가?

1. 패전: 경제사회의 역동성

유용원, 「일본 최초의 국산 실용전차였던 89년식 전차 치로」, 조선닷컴: 유용원의 군사세계, 2017. 1. 31.

太原正裕, 「第三次ベンチャーブームの検証」, 城西大学経営紀要(7), 2011. 3, pp.53-83.

中川靖造, 『海軍技術研究所: エレクトロニクス王国の先駆者たち』, 光人社, 1997.

中島寧綱, 『職業安定行政史』, 雇用問題研究会, 1988.

野口悠紀雄, 『1940年体制(増補版):さらば戦時経済』, 東洋経済新報社, 2010.

2. 거대과학: 극한에 도전하다

남극탐험

東京都, 「英弘精機 株式会社」, 『中小企業しごと魅力発信プロジェクト』, www.kaisyahakken.metro.tokyo.lg.jp

Win Wing, 「TOP INTERVIEW: 気象計測のコア技術を活かして太陽光発電関連事業で 飛躍する」, Vol.30, 2013, pp.1-4.

南極地域観測統合推進本部, 「第37回観測·設営計画委員会参考資料」, 2017. 6. 16.

石沢賢二, 「シリーズ, 南極観測隊の生活を支える技術 第20回」, 公益財団法人日本極地研究振興会.

우주개발

JAXA우주정보센터, http://spaceinfo.jaxa.jp/ja/spin_offs_cars.html.

フジキン, 「わが社の歴史: 株式会社フジキン」, SEAJ Journal No.14632, 2014. 8., pp.32-35.

杉原由花, 「第二創業で売上は4倍――リアル下町ロケット"由紀精密"快進撃の裏側」, GEMBA, 2019. 2. 7.

山口泰博, 「由紀精密倒産寸前を経験した従業員30人の町工場の挑戦」, 『産学官連携ジャーナル』, 科学技術振興機構, 2016. 8.

おおつぼ·まさと, 「三代目奮闘記」, 2011. 4. 4., www.yukiseimitsu.co.jp/3daime/6531/

천체관측_스바루 망원경

西山 英作, 「プレファクト株式会社:世界初の潤滑油を使わない直線運動軸受を開発」, 『産学官連携ジャーナル』, 科学技術振興機構, 2007. 10.

大草芳江, 「世界に誇る超精密加工技術を追求すべく、外観も中身も進化し続けなければいけない。」,

『東北·新潟のオンリーワン企業 Collaboration 連載企画』 Vol.03, 公益財団法人東北活性化研究センター.
古舘健, 「無理!不可能!と捨てられた。それを拾いつづけた人だけが立てる場所がある」, 週間マイナーレポート Vol.10, 2012. 6. 3.
吉田 忍, 「日本で唯一!真球のキログラム原器を製造する岡本光学加工所に潜入」, はまれぽ.com, 2013. 9. 23.
山口政男, 「研削盤による加工だけで大型望遠鏡用の鏡を高速に仕上げる超精密工作機械を開発·実用化」, 社団法人 日本機械工業連合会, 2008. 3. 31., http://www.jmf.or.jp/monodzukuri02/07.html.
大下, 「企業トップに聞く」, Journal of the Japan Society for Abrasive Technology Vol.55 No.8, 2011. 8., pp.465-468.

3. 비주류들: 혁신의 주체

후발주자들

中部経済産業局, 「抹茶を食品加工用材料として世界に提供(弱点を強みに規制を付加価値に変える経営を実践」, 『中部発きらり企業紹介』 Vol.48, 中部経済産業局, 2009. 3. 26.
梅咲恵司, 「フルヤ金属社長」, 東洋経済オンライン, 2011. 4. 14.
新井美江子, 「世界シェア9割"有機EL材料工場"で見た日本のスーパー技術」, ダイヤモンド, 2019. 9. 3.
栗野良, 「ねじれや引き裂き強度に強い四軸織物の量産機を世界で初めて開発した明大株式会社」, Liaison-Kyushu.

반골들

古川有希、中村友治, 「ミネベアミツミ社長、M&Aで技術と人を一夜に」, Bloomberg, 2019. 4. 12.
M&A Online編集部, 「おすすめの1冊」, M&A Online, 2019. 10. 19.
井沢真志, 「ミネベアミツミ、"神風"も捉えた貝沼社長の賭け」, 日経産業新聞, 2018. 2. 23.
野中高秀, 「金型の革命児は再生できるか」, 日経産業新聞, 2010. 6. 29.
山田眞次郎, 「光造形を日本で初めて導入した山田眞次郎」, Itmedia, 2019. 11. 2.
テレビ東京, 「日本の野菜づくりを変える?:WBS」, ワールドビジネスサテライト, 2018. 5. 31.
加藤光利, 「廃材ゼロ·省エネ·省資源を 実現する小型射出成形機」, 『月刊 素形材』, 素形材センター, 2007. 6, pp.37-40.
藤堂安人, 「17年目の正直--新興セルビックにみる中小企業の一つの生き方」, Tech-On!, 2007. 6. 4.
竹内宏, 「わがモノづくり事始め」, j-net21, 2006. 10. 16.
菊池一貴, 「業界の常識を覆した製品開発」, 『アーガス21』, No.408, 東京都中小企業振興公社, 2012. 11. 10.

괴짜들

伊勢雅臣, 「SONYも脱帽。先見の明で8ミリビデオ時代を制したスゴ腕の町工場」, MAG2NEWS, 2017. 1. 31.

丸山均,「世界最小の歯車と先着順採用:樹研工業」, ジェスコーポレーション, 2007. 8. 22.
日経BPコンサルティング, 親子対談「一日でも長生きし、株を渡す」, 日経BP, 2016. 12. 19.
週刊東洋経済編集部,「定年なしと年功序列の給料で世界一の技術 樹研工業社長·松浦元男氏」, 東洋経済, 2009. 8. 5.
片山修,「NASAも認めた、社員たった100人のグローバル企業」, Business Journal, Business Journal, 2018. 2. 20.
住田光学ガラス,「開発から製造まで一貫した光学ガラスメーカー, ぶぎんレポート」, ぶぎん地域経済研究所, 2019. 2, PP.2-7.

비주류 업종의 생존자들 1_섬유

永谷薫,「繊維の老舗、利益5倍の陰に地道な構造改革」, 東洋経済, 2018. 5. 8.
武田 健太郎,「世界のブランド経営者が石川県に行く理由」, 日経ビジネス, 2017. 4. 13.
天池合織株式会社,「元気印中小企業:天池合織」, j-net21.
福井県,「セーレン株式会社:夢で世界をかえていく」, info.pref.fukui.jp.
セーレン株式会社,「セーレンの概要」, 第9期地域科学技術イノベーション推進委員会, 2018. 9. 12.
足立 洋,「セーレンの経営改革」, Melco Journal of Management Accounting Research Vol.1, 2008, pp.73-80.
川田達男,「21世紀型の繊維産業を、日本に取り戻したい」, HARVEYROAD JAPAN, 2013.

비주류 업종의 생존자들 2_스프링

小松万希子,「超精密·高品質への挑戦～小松ばね工業」, 松下幸之助経営塾, 2017.
山﨑隆一,「株式会社ミクロ発條·バネづくりの技術を医療にいかす」, dtod.
SHIN-ETSU BROADCASTING,「ミクロ発條:ミクロン単位の小さなものづくり髪の毛よりさらに小さな超微細バネ」, 2017.
Suwa City,「普段は脇役のバネに光をあて、高い技術力を伝えたい」, Japan minute in suwa city, 2016. 10. 20.
WG0,「Micro spring sustains world」,『精密工学会誌』Vol.82, No.6, 日本精密工学会, 2016, pp.533-537.
岩﨑敏夫,「特殊ばね一筋を貫き会社設立以来"赤字"なし, 戦略経営者」, www.tkc.jp, 2013. 6.
赤間建哉,「多種対応 世界唯一ズラリ 東海バネ工業(もっと関西)ここに技あり」, 日本経済新聞, 2017. 11. 27.
宇宙航空研究開発機構,「東海バネ工業」, https://aerospacebiz.jaxa.jp/partner/company/02/.

비주류 업종의 생존자들 3_식품장비

農林水産省,「食品産業をめぐる情勢」, 2019. 5.
農林水産省,「食品製造業における労働力不足克服ビジョン」, 2019. 7. 11.

채무자들

中部経済産業局, 「KTX 株式会社 (旧 江南特殊産業株式会社)」, 『中部発きらり企業紹介』 Vol.10, 中部経済産業局, 2006. 1. 27.

東京都, 「株式会社環境経営総合研究所」, 『中小企業しごと魅力発信プロジェクト』, 2015.

PART 2 일본의 수출규제, 위기인가, 기회인가?

2. 자학적 경제관을 버려라

산업통상자원부, 「소재·부품·장비 경쟁력 강화대책」, 2019. 8. 5.

이덕환, 이홍배, 곽노성, 「소재·부품산업, 한일 격차의 원인과 경쟁력 강화방안」, 한국경제연구원, 2019. 8. 12.

独立行政法人科学技術振興機構, 「韓国及び日本の専門家による科学技術国際比較の対比」, 2011. 11.

国立研究開発法人科学技術振興機構, Panoramic View Report(2019): Integrated Version, 2017. 7.

独立行政法人科学技術振興機構, International Comparison of Science and Technology Capability. Judged by Japanese Experts, 2011. 9.

3. 기회의 창이 열렸다 1_화학산업

経済産業省 素材産業課, 「素材産業におけるイノベーションの役割と期待」, 2018.

4. 기회의 창이 열렸다 2_공작기계

経済産業省, 「我が国の産業競争力強化に向けて」, 2018. 7.

株式会社 大和総研, 「産業競争力上重要な技術のサプライチェーン把握に関する調査研究」, 2016.

柴田友厚, 『日本のものづくりを支えたファナックとインテルの戦略』, 光文社, 2019.

ブランドコンテンツチーム, 「日本の工作機械、一体何がすごいのか?」, 週刊ダイヤモンド, 2018. 10. 29.

大沼久美, 「日本の工作機械産業が直面する構造変化」, 株式会社日刊工業新聞社, 2017. 6. 27.

5. 무너지지 않는 성은 없다

阿部　桃子, 「こだわりの企業を見る:フロイント産業株式会社」, kodawari-story.com.

株式会社工場経営江研究所, 「大阪精密機械のコア技術戦略で〇と〇の組合せを学ぶ」, hajime-i.com, 2017. 4. 25.

6. 규제는 기회다

井上 猛雄, 「堀場製作所を“世界シェア8割”に押し上げた堀場 厚会長」, sbbit.jp, 2017. 11. 15.

吉村克己,「世界に指名される三重の工業薬品会社」, ダイヤモンド オンライン, 2019. 8. 21.
荻窪百点,「荻窪の経済人⑷ 根本特殊化学株式会社 根本 郁芳氏」, ogikubo100ten, 2018. 3. 25.
杉並区産業振興センター,「根本特殊化学株式会社」, 杉並区産業振興センター, 2016. 9. 12.

7. 승부처는 화학산업이다

BUSINESS KAGAWA,「もっと世界のオンリーワンを!四国化成 代表取締役社長 田辺博臣」, bk-web, 2011. 2. 17.
BUSINESS KAGAWA,「"独創力"で ニッチトップを究める:四国化成工業 田中直人」, bk-web, 2018. 9. 6.
山中重治,『世界トップシェアを勝ち取った 田舎の小さな工場の奇跡』, 幻冬舎, 2016. 10.
鶴岡弘之,「芦屋の町工場が福井でブレーク: 福井県・田中化学研究所」, jbpress, 2008. 10. 20.
伊丹敬之,「日本産業の化学化」, CHEMISTRY & CHEMICAL INDUSTRY Vol.62-2, 2009. 2., pp.111-113.
西出徹雄,「化学の散歩みち」, 2010.2.19., http://www.knak.jp/FYI/itami.htm.

8. 일본은 우군을 잃었을지도 모른다

平沢 照雄,「企業城下町日立における自立指向型中小企業の産学官連携と海外事業展開 : スターエンジニアリング社の取り組みを事例として」, 国際日本研究, 2017. 2., pp.63-81.
栗野　良,「下請けの悲哀を脱し、メーカーを目指した男(5):工場で稼働し始めた第一施設工業の非接触搬送装置」, Liaison-Kyushu, 2018.
安倍 誠,「韓国経済研究 – 日本との間合いから変わる認識 (特集 変わる世界、変わる研究 – 地域編)」,『アジ研ワールド・トレンド』, 日本貿易振興機構アジア経済研究所, 2018. 3. 1. pp.14-15.
柴垣和夫,『昭和の歴史9, 講和から高度成長へ』, 小学館ライブラリー, 1989.

PART 3 일본의 성공과 실패에서 뽑은 11가지 교훈

1. 틈새, 틈새, 틈새

経済産業省,「グローバルニッチトップ企業の5年後の現状と課題」, 経済産業省, 2019. 6.
김위찬,『블루오션 전략(확장판)』, 교보문고, 2015, p.306.

2. 끊임없이 혁신하라_뿌리산업

経済産業省,「素形材産業を含めた製造基盤技術を活かした "稼ぐ力"研究会」, 経済産業省, 2017. 3.

3. F1은 늦었지만 FE는 앞서가자

世良耕太,「日本の誇れる企業 vol.2 株式会社アライヘルメット」,『aheadアーカイブス』 vol.119, car-me.jp, 2018. 5. 9.

Japan Motorcycle Promotion & Safety Association, 「著名人インタビュー:新井理夫さん」, 2006. 7. 3.
企業トップに聞く21, Journal of the Japan Society for Abrasive Technology Vol.58 No.5, 2014. 5, pp.279-282.
桃太郎, 「和製エルメス」, http://www.echirashi.com/column/html_columns/momo110.htm.
高橋武男, 「スポーツサングラス市場をけん引、創業100年を超える山本光学の経験とノウハウ」, Bplatz, 2018. 6. 5.
林 敬次郎, 「スポーツ用品と新素材」, 『繊維学会誌』 45巻, 日本繊維学会, 1989.

4. 업계의 상식을 깨뜨려라

金子智朗, 『合理性を超えた先にイノベーションは生まれる』, クロスメディア・パブリッシング, 2013. 7. 16.

5. 창업: 스핀오프에 주목하라

윤문섭, 권용수, 『대학-산업 연계 시스템과 스핀오프』, 과학기술정책연구원, 2001.
윤보윤, 「기업분할 전략의 성공요건」, LG주간경제 2001. 4. 18.
独立行政法人中小企業基盤整備機構, 「国研初のベンチャー企業:新藤勇(クリスタルシステム)」, 2007. 1. 10.
小澤育夫, 「株式会社オキサイド　高品質な光学単結晶メーカー」, 産学官連携ジャーナル, 2008. 9.
社団法人日本機械工業連合会, 「山梨県北杜市 ㈱オキサイド」, www.jmf.or.jp.
経済産業省, 「スピンオフの活用に関する手引」, 2018. 4.

6. 기술만이 전부가 아니다

e-中小企業庁, 「上野精機株式会社: ナンバーワン製品で世界を狙う九州パワー」, 『中小企業ネットマガジン』, 2006.
財団法人ふるさと財団, 「会長に聞く:北日本精機株式会社」, FURUSATO vitalization, Vol.115, 2014. 2.
WordPress, 「世界シェアトップ(!!%) 極小(内径1㎜以下)ベアリング　北日本精機」, 2018. 2. 16.
中部経済産業局, 「鍋屋バイテック 株式会社」, 『中部発きらり企業紹介』 Vol.15, 2006. 6. 23.
杉本守孝, 「鍋屋バイテック会社の“楽しい経営”」, jbpress, 2010. 3. 8.
経済産業省, 「株式会社上島熱処理工業所」, 『Best Practices Collection』, 経済産業省, 2015, pp.35-38.
藤川 昇, 「株式会社エリオニクス:超微細加工で世界トップ目指す」, 『産学官連携ジャーナル』, 科学技術振興機構, 2007. 7.
吉村克己, 「八王子に小さな世界ナンバーワン企業をつくった“ナノテク七人の侍”」, 週刊ダイヤモンド, 2019. 3. 6.
栗野 良, 「四軸織物の量産機を世界で初めて開発した明大株式会社」, Liaison-Kyushu, 2008.

7. 하지 말아야 할 일을 정하라

原英次郎, 「マニーの松谷会長に学ぶ"失敗を生かす力"」, 週刊ダイヤモンド, 2009. 4. 24.
さいたま総合研究所, 「地方発､品質世界一以外は販売しないマニーの開発力!」, コラムの泉, 2010. 5. 31.

8. 잘나갈 때 조심하자

株式会社アイリンク, 「池貝の変遷と富士フイルムを襲ったデジタル化」, https://ilink-corp.co.jp/2271.html.
森辺一樹, 「グローバルの流儀:Vol.34 日本電子株式会社」, spydergrp, 2019. 11. 18.
遠藤 功, 「"Made in Japanにこだわる日本電子" ニッポン中堅企業の秘めたる爆発力」, Toyo Keizai, 2013. 1. 15.

9. 흩어져 살고 뭉쳐서 싸워라

秋元海人, 「トキワ精機株式会社・木村 洋一代表取締役社長のONLY STORY」, ONLY STORY, 2018. 5. 1.
東京都, 「株式会社 三津海製作所」, 『中小企業しごと魅力発信プロジェクト』, 2013. 6.
Chiba Institute of Technology, 「夢は必ず実現する:東成エレクトロビーム」, 2005. 6.

[부록] 소부장 경영 노트 — 놓치기 아까운 개별 기업경영 사례들

杉本恭子, 「"光のプロ"の遊び心が産んだ反射率99%ミラー――吉城光科学」, monoist, 2017. 1. 4.
東京都, 「株式会社 ワイピーシステム」, 『中小企業しごと魅力発信プロジェクト』. 2017.
ワイピーシステム, 「科学するメッキ屋」, sankeibiz, 2017. 3. 2.
塩尻市, 「株式会社サイベックコーポレーション代表取締役　平林巧造」, www.shiojiri-koujin.jp.
木崎健太郎, 「普通でない工場が日本国内に相次ぎ出現」, 日本経済新聞, 2013. 5. 14.
JETRO, 「シグマ株式会社,https://www.jetro.go.jp/case_study/2019/sigma.html, 2019. 3.
広島大学 産学・地域連携センター, 「シグマ株式会社」, 『広島大学フェニックス協力会（会報誌）』, No.25, 2017, pp.1-2.
シグマ株式会社, 「人と技術の無限大」, Current Hiroshima, 2019. 3.
筒井 宣政, 「株式会社東海メディカルプロダクツ会長 筒井宣政氏に聞く」, 産学官連携ジャーナル, 2016. 9.
齊藤由希, 「"脱・アピール下手"に向けて､ジェイテクトが銀座にショールームを新設」, MONOist, 2016. 4. 1.
JMAC, 「人と企業を育てる "十の教訓"」, Business Insights Vol.67, 日本能率協会コンサルティング, 2018. 8. 3.
中部経済産業局, 「大岡技研株式会社」, 『中部発きらり企業紹介』 Vol.13, 中部経済産業局, 2006. 4. 28.
津金洋一, 「闘うトップ」, 月刊 ニュートップ, newtopleader.com, 2011. 10.
古舘 健, 『100%の失敗｡その1% の中にひらめきがある｡』, 週間マイナーレポート Vol.8,

kenfurudateken.blog, 2014. 10. 6.
中小企業家同友会全国協議会,「激変の時代を乗り越える同友会型企業～エイベックス」, 中小企業家同友会全国協議会, 2010. 3. 15.
武田宜久,「精密切削の技術力・品質で世界から仕事が集まる会社:エイベックス株式会社」, 有限会社アドバイザリーボード, 2009. 12. 01.

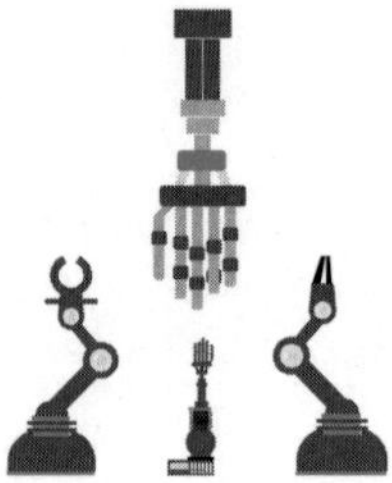